Iñaki Domínguez Ledo

El poder de la magia de la comunicación

de la comunicación

en la fuerza de ventas

DEDICATORIA

Este libro está dedicado a mi padre que, sigue siendo una inspiración constante en mi vida. Gracias por inculcarme los valores del esfuerzo, la perseverancia y la honestidad que han sido fundamentales para mí. Una de las personas más luchadoras que he conocido y una inspiración para todos los que lo queríamos. Ojalá pudieras estar aquí, nos dejaste demasiado pronto.

Índice

PRÓLOGO

Hoy comienzo esta aventura en la mágica ciudad de Estocolmo, Suecia, una de mis ciudades europeas favoritas. Es casi diciembre y resulta increíble contemplar cómo la nieve cubre toda la ciudad cada día. Desafortunadamente, es la última etapa de mi viaje de casi dos años por el viejo continente, y en este inspirador punto final, he decidido emprender este proyecto.

En este libro, descubrirás una guía para aprovechar y disfrutar la comunicación como una herramienta. Desde el inicio, comprenderás cómo comunicar conforme a unos objetivos y cómo sacar el máximo provecho de cada interacción, sin importar la situación en la que te encuentres.

La comunicación es una herramienta esencial para cualquier persona que quiera llegar a un objetivo, sea cual sea, pero especialmente en el área de las ventas. En cambio, la magia de la comunicación no se trata solo de hablar bien y tener buenos argumentos. Se trata de entender cómo actúa la mente de la persona, cómo escuchar lo que realmente necesita y cómo adaptar la forma de comunicarse para que cada palabra cuente.

Mi experiencia en el mundo de las ventas como Asesor Comercial me ha llevado a profundizar en las partes más importantes de la fuerza de ventas. Me ha dado la oportunidad de descubrir procedimientos en diversos contextos. Un cliente busca soluciones, no productos; en el que la confianza y la empatía son claves, y en el que la escucha activa es más importante que hablar.

En este libro encontrarás desde cómo construir relaciones, hasta cómo adaptarte a las tendencias comunicativas y experimentar distintos enfoques, habilidades, así como valiosos consejos y tips.

Te animo a sumergirte en estas páginas y espero que este libro te inspire y te ayude a lograr objetivos, al mismo tiempo que te apoye en lo que deseas trascender.

¡Que lo disfrutes!

INTRODUCCIÓN

La comunicación es una herramienta esencial para llegar a un objetivo. Ya sea que estes vendiendo un producto, un servicio o en cualquier aspecto de la vida, su capacidad para comunicar eficazmente es lo que determinará si lograras ese objetivo o no. La finalidad de este libro es proporcionar una serie de ideas y sugerencias para entender las fuerzas de ventas desde el punto de vista de la comunicación en un marco más teórico y práctico. Tómalo como una guía o una obra de interés traducido en un estudio, complementado con mi formación universitaria y mis más de 10 años de experiencia en este ámbito, enfocada en prácticas esenciales tales como la escucha activa, la empatía cognitiva, la transparencia, y la comunicación abierta y efectiva.

En la actualidad, la comunicación se encuentra en un escenario dinámico y en constante evolución debido al avance tecnológico. Esto genera nuevos desafíos, pero también nuevas oportunidades para los profesionales de las ventas. El entorno ha cambiado el papel tradicional de los asesores, lo que ha generado una transformación en las relaciones y dinámicas. La comunicación es mucho más que simplemente hablar o escribir. Se trata de transmitir un mensaje de manera clara y efectiva.

La sociedad actual está marcada por la información. La idea de que "el saber es poder" ha sido una máxima popular durante siglos, y aunque sigue siendo cierta, en la actualidad, el poder también se puede obtener a través de otros medios.

Si bien el conocimiento sigue siendo importante y puede proporcionar una ventaja en muchos ámbitos, como el académico, el empresarial, el científico, etc.. también es cierto que el conocimiento debe ir acompañado de habilidades prácticas, experiencia y recursos para que se traduzca en poder.

Por lo tanto, es esencial que como profesionales tengamos un sólido conocimiento teórico del discurso narrativo y los conceptos fundamentales de la comunicación en las ventas.

Hablando de mí

Hace más de una década que empecé en el mundo de las ventas como Asesor Comercial, una actividad que me apasionó desde el primer día, a pesar de que ese día parecía más una broma que otra cosa. En aquel entonces, estaba buscando cualquier trabajo que pudiera compaginar con mis estudios matutinos, y fue así como encontré una oferta laboral en internet. Cuando vi el anuncio que decía: "Se buscan agente de ventas". En ese momento, algo me llamó la atención y sin ningún tipo de conocimiento decidí dar el paso.

Tenía poco más de 20 años y cero experiencias en ventas, así que no estaba seguro de sí sería la persona adecuada para el puesto. Sin embargo, decidí probar suerte y envié mi solicitud. Pasaron algunos días y para mi sorpresa sonó mi teléfono, era el departamento de recursos humanos de la empresa. Me citaron para una entrevista y no podía estar más contento.

Sin embargo, la entrevista fue realmente mal. Fue una entrevista grupal y la gente tenía experiencia y formación en marketing, publicidad o ventas. ¡Oh no...! En ese momento, solo quería que me tragara la tierra. En cambio, y a pesar de ello, decidí quedarme. Cabeza arriba y me uní para la formación que era parte del proceso de selección.

Durante esos dos días de formación, aprendí lo básico sobre ventas. Y algo en mi se iluminó y me di cuenta de que aquello podría ser una posibilidad.

Después, el día de la prueba práctica resultó "divertido". Fuimos convocados en un centro comercial para llevar a cabo la prueba práctica. Yo nunca había vendido ni un chicle a un amigo, pero ahí estaba yo. El caso es que, obviamente no pase la prueba práctica. Sin embargo, después de haberme empeñado en que podría, me sentí realmente molesto por el veredicto. Estaba tan seguro de que no lo había hecho tan mal para la nula experiencia que tenía que, inexplicablemente, intentando convencerles, logré que finalmente me dieran el puesto.

Asimismo, nunca olvidaré que en ese primer trabajo fui el último de mi promoción que duró en la empresa después de todo. Fue entonces cuando me di cuenta de que tenía cierta capacidad y, motivado por mi deseo de aprender y crecer profesionalmente en esta área, comencé a instruirme más sobre el tema.

¡Me encanta mi trabajo!

Esa experiencia en ventas me llevó a descubrir una pasión que hasta entonces desconocía. Enfocarme en las personas y ayudarles a entender que existen nuevas y mejores alternativas. Solucionar sus problemas y conseguir los objetivos de la empresa.

Asimismo, con el paso del tiempo, fui adquiriendo mayor experiencia y habilidades en el área de la fuerza de ventas. Empecé a buscar oportunidades laborales que pudieran ofrecerme una remuneración económica más atractiva, también anhelaba enfrentar nuevos desafíos laborales y trabajar con un tipo diferente de cliente, como empresas. Quería expandir mis habilidades y conocimientos para adaptarme a entornos más complejos y exigentes.

De igual manera, con el paso del tiempo, mis ventas eran bastante buenas, así que, gracias a mi buen desempeño, un buen día me ofrecieron tener mi propio equipo comercial. Esa dedicación y esfuerzo dieron sus frutos. ¿Quién me iba a decir a mí que llegaría a liderar un equipo de más de 15 personas y abrir campo en cinco provincias en la zona norte de la Península Ibérica? Esto me permitió desarrollar habilidades muy valiosas en la gestión de equipos comerciales y en la adopción de nuevas metodologías de estrategia en ventas. Al trabajar liderando un equipo, aprendí a adaptarme rápidamente a nuevos desafíos y a utilizar diferentes enfoques para lograr los objetivos.

Durante mi profesión, he tenido la oportunidad de trabajar para campañas en empresas reconocidas a nivel internacional. Pude enfrentar desafíos en entornos competitivos y aprender de los mejores profesionales en el campo de la fuerza de ventas.

¡A por todas!

En mi libro, con la intención de colaborar en este campo, he estado trabajando en la creación de herramientas útiles que puedan ser empleadas por otros profesionales. Mi objetivo es contribuir de manera positiva en la comunidad, fomentando la mejora continua de nuestros métodos y enfoques. De esta forma, espero poder aportar mi granito de arena, con aquellos que quieren alcanzar su objetivo como asesores comerciales, ya sea que se estén iniciando y estén indecisos o que simplemente les parece interesante el tema.

Me complace enormemente poder compartir mi formación, experiencia y análisis en este libro. Espero que las herramientas y consejos que presento sean útiles para tu propio camino hacia el logro de cualquier objetivo que te propongas. Mi deseo es que este libro sea una fuente valiosa de información, inspiración y orientación para quienes lo lean.

Quiero compartir contigo los conocimientos y habilidades que he adquirido en el campo de la Comunicación, tanto durante mi etapa universitaria como en mi experiencia profesional. Mi objetivo es destacar los aspectos más significativos de la comunicación, centrándome especialmente en temas relacionados con la fuerza de ventas. Empezaremos por examinar la relevancia de la comunicación en este campo, junto con las limitaciones que puedan existir y las aptitudes necesarias para la venta, para luego concluir con el impacto que el entorno digital ha tenido en el panorama de las ventas.

En resumen, este libro te ofrece una valiosa perspectiva sobre cómo enfocar ciertos aspectos fundamentalmente en la fuerza de ventas con conocimientos en el ámbito de la comunicación. Espero que encuentre útil la información que se presenta en las siguientes páginas.

Gracias por permitirme ser parte de tu entusiasmo.

La importancia de la comunicación en la fuerza de ventas

"En el mundo de las ventas, la comunicación es la base de todo"

En mi experiencia en el mundo de las ventas, la comunicación es como una espada afilada y reluciente en manos del vendedor. La habilidad de transmitir de manera clara y efectiva los beneficios y características de un producto es crucial para un alcanzar un objetivo.

Una comunicación efectiva no solo se limita al lenguaje verbal. Como verás en este capítulo, la escucha activa o los aspectos no verbales, como la expresión facial, el lenguaje corporal e incluso el tono de voz juegan un papel crucial. La congruencia en todos estos aspectos es clave para una comunicación positiva. ¡Que es la clave!

Cómo la comunicación afecta la percepción del cliente

En el mundo de las ventas, la comunicación es esencial para lograr el éxito. La forma en que nos comunicamos con nuestros clientes puede afectar significativamente su percepción sobre nuestro producto o servicio. La comunicación no solo es importante en el momento de la venta, sino también en todas las interacciones que tengamos con el cliente antes y después de la venta.

La comunicación es una herramienta poderosa que puede ser utilizada para influir en la percepción del cliente. La forma en que hablamos, escribimos y nos comportamos puede afectar cómo los clientes ven lo que estamos vendiendo. Si utilizamos un lenguaje claro, preciso y positivo, podemos transmitir confianza, credibilidad y profesionalismo a nuestros clientes. Si, por el contrario, utilizamos un lenguaje vago, ambiguo o negativo, podemos generar desconfianza, dudas e incertidumbre en los clientes.

La comunicación también juega un papel importante en la forma en que los clientes perciben la calidad de nuestro producto o servicio. Si somos capaces de comunicar con claridad las características, beneficios y ventajas de lo que estamos vendiendo, los clientes tendrán una mejor comprensión de lo que pueden esperar de nosotros. Además, si somos capaces de comunicar de manera efectiva cómo nuestro producto o servicio puede resolver sus necesidades, los clientes estarán más dispuestos a invertir en lo que ofrecemos.

Otro aspecto muy importante de la comunicación es la capacidad de escuchar al cliente. Al escuchar atentamente a los clientes, podemos entender sus necesidades y deseos, lo que nos permitirá adaptar nuestra oferta a sus necesidades específicas. Además, al escuchar a los clientes, podemos identificar áreas de mejora y oportunidades para mejorar su experiencia. La comunicación bidireccional es esencial para construir relaciones duraderas y satisfacer las necesidades del cliente.

La comunicación no verbal también juega un papel importante en la percepción del cliente. El tono de voz, la postura, la expresión facial y el contacto visual son todos aspectos importantes de la comunicación no verbal que influyen en la forma en que los clientes nos perciben. Si utilizamos un tono de voz agradable, una postura abierta y relajada, una expresión facial amistosa y un contacto visual directo, trasmitiremos confianza, amabilidad y profesionalismo a nuestros clientes.

Comunicación no verbal

La comunicación no verbal juega un papel crucial en las ventas. A menudo, la atención se centra en lo que se dice, pero es igualmente importante considerar cómo se dice. De hecho, se ha demostrado que hasta el 93% de la comunicación es no verbal.

Cuando se trata de ventas, es fundamental que el Asesor Comercial sea consciente en todo momento de su lenguaje corporal. Los clientes están atentos a las señales no verbales del vendedor y pueden interpretar cualquier señal negativa como desinterés, falta de confianza o incluso deshonestidad. ¡Un pequeño descuido es una venta perdida!

La importancia de la postura y los gestos en la comunicación no verbal resalta en las enseñanzas de la catalana Teresa Baró, reconocida experta en comunicación, como destaca en su destacado libro "La gran guía del lenguaje no verbal". Cuando una persona adopta una postura encorvada o cruza los brazos, el cliente puede interpretarlo como desinterés o falta de confianza. Por el contrario, una postura abierta y relajada, según Baró, sugiere confianza y receptividad.

Asimismo, los gestos también son de vital importancia. Baró destaca que el uso excesivo de las manos puede distraer al cliente, dando la impresión de que el vendedor está nervioso o inseguro.

Además de la postura y los gestos, el contacto visual es un aspecto crucial de la comunicación no verbal. El contacto visual directo con el cliente ayuda a establecer una conexión y demuestra confianza y sinceridad. Por otro lado, evitar el contacto visual puede ser interpretado como falta de confianza o incluso deshonestidad.

También es importante tener en cuenta el tono de voz. Un tono de voz monótono puede dar la impresión de que el vendedor está desinteresado. Por otro lado, un tono entusiasta puede transmitir la pasión del vendedor por lo que está vendiendo.

Por último, es importante recordar que la comunicación no verbal puede variar de una cultura a otra. Sería genial conocer las normas culturales de los clientes potenciales para adaptarse a ellas. Por ejemplo, en algunas culturas, el contacto visual prolongado puede considerarse desafiante o incluso inapropiado. No es imprescindible conocer este enfoque, pero tenemos internet en las manos.

Comunicación asertiva: cómo decir "no" y "sí"

La comunicación asertiva en las ventas es clave para lograr una interacción exitosa con los clientes, y consiste en la habilidad de expresar de forma clara y honesta lo que se desea comunicar, sin agredir ni ser agredido. En el proceso de venta, es común que los clientes soliciten beneficios adicionales o descuentos, y el vendedor debe ser capaz de responder a estas peticiones de manera asertiva, es decir, sin comprometer la calidad de la venta.

La habilidad de decir "no" sin perder la venta es fundamental en la comunicación asertiva en las ventas ya que, el asesor debe ser capaz de establecer los límites claros con los clientes, y esto significa que debe tener una comprensión clara de los beneficios y limitaciones del producto o servicio que ofrece.

Es importante tener en cuenta que la comunicación asertiva en las ventas no se trata solo de decir "no", sino también de decir "sí". El vendedor debe ser capaz de expresar de manera clara y positiva las soluciones que ofrece su producto o servicio, y mostrar al cliente cómo estos beneficios pueden satisfacer sus necesidades. En este sentido, el Asesor Comercial debe establecer una comunicación activa y efectiva con el cliente, que le permita comprender sus expectativas, y ofrecer soluciones que se ajusten a sus intereses.

Otra forma de aplicar la comunicación asertiva en las ventas es a través de la gestión de las objeciones del cliente. Las objeciones son parte natural del proceso de venta, y el vendedor debe ser capaz de abordarlas de manera asertiva y eficiente. Para ello, lo ideal es que el Asesor Comercial tenga un conocimiento profundo del producto o servicio que ofrece, así como de las necesidades y expectativas del cliente.

La importancia de escuchar al cliente en las ventas

La habilidad de escuchar activamente al cliente es una de las herramientas más valiosas que un Asesor Comercial puede tener. La comunicación en las ventas es bidireccional, no se trata solo de hablar y persuadir, sino de escuchar y entender las necesidades y preocupaciones del cliente. Escuchar al cliente es un elemento clave para establecer relaciones significativas que se traduzcan en ventas y fidelización.

Escuchar no es solo un acto pasivo, sino un acto activo y consciente. Implica prestar atención a lo que el cliente está diciendo, hacer preguntas claras para aclarar cualquier duda o malentendido, y demostrar empatía para comprender las emociones del cliente.

La escucha activa también ayuda al Asesor Comercial a comprender mejor las necesidades y deseos del cliente. Esto significa prestar atención a las pistas verbales y no verbales, así como a las preguntas y comentarios que pueden proporcionar información sobre lo que el cliente realmente quiere. Al comprender mejor las necesidades del cliente, el Asesor Comercial puede adaptar su enfoque y ofrecer soluciones que satisfagan esas necesidades.

La escucha activa también puede ayudar a identificar oportunidades de venta adicionales. Al prestar atención a las necesidades y deseos del cliente, el vendedor puede identificar oportunidades para accionar ideas creativas complementarias que puedan ser útiles para mejorar el interés del cliente.

Sin embargo, escuchar no siempre es fácil. A veces los clientes pueden ser difíciles o exigentes, o pueden tener problemas o quejas que el Asesor Comercial no sabe cómo manejar. En tales situaciones, es importante mantener la calma y mantenerse enfocado en el cliente. No importa cuán difícil sea la situación, comprender al cliente es esencial para resolver el problema.

Otra forma en que la comunicación puede ayudar a construir relaciones duraderas con los clientes es a través del seguimiento y la retroalimentación. Después de completar una venta o una interacción con el cliente, es importante hacer un seguimiento para asegurarse de que el cliente está satisfecho y que no tiene preguntas adicionales. Esto puede ser en forma de una llamada telefónica o un simple WhatsApp.

Además, la retroalimentación también es importante para mejorar la calidad de la comunicación con el cliente. Los clientes pueden proporcionar muy valiosa sobre lo que les gustó y lo que no les gustó de la experiencia de venta. Utilizando esta información, los Asesores Comerciales pueden mejorar su enfoque y ofrecer una experiencia de venta aún mejor la próxima vez.

Comunicación disruptiva para un Asesor Comercial (los disruptores venden más)

La comunicación es la herramienta más importante para un Asesor Comercial, pero ¿cómo puedes destacar entre la multitud y hacer que tus clientes potenciales presten atención a lo que tienes que decir? La respuesta es la Comunicación Disruptiva.

La comunicación disruptiva es una técnica que busca interrumpir el patrón de pensamiento de tu cliente potencial para llamar su atención y hacer que se involucre en la conversación. Esta técnica no es agresiva ni invasiva, sino que se basa en la creatividad y la originalidad.

Durante mis años de experiencia en ventas, he utilizado la comunicación disruptiva con bastante éxito para captar la atención de clientes potenciales y generar interés en mis productos o servicios. A continuación, te compartiré algunas estrategias que he utilizado para implementar la comunicación disruptiva en mi trabajo como Asesor Comercial.

Personaliza tu mensaje:

En lugar de enviar el mismo mensaje genérico a todos tus clientes potenciales, personaliza tu mensaje para cada uno de ellos. Investiga sobre sus intereses y necesidades y adapta tu mensaje para que sea relevante para ellos. Esto les hará llegar que te has tomado el tiempo de conocerlos y te diferenciarás de otros que solo envían mensajes genéricos.

Usa el humor:

El humor es una herramienta poderosa para romper el hielo y generar una conexión con tus clientes potenciales. Utiliza una referencia divertida en tu mensaje para llamar su atención y hacerles sonreír. Esto te ayudará a crear una atmósfera más relajada y abierta para la conversación.

Sé creativo:

Por ejemplo, puedes enviar una tarjeta de agradecimiento o felicitación personalizada. Recuerda que la creatividad es la clave para destacar.

Genera una conexión emocional:

Las personas compran basándose en emociones, no en lógica. Por lo tanto, en lugar de centrarte en las características de tus productos o servicios, enfócate en los beneficios que pueden aportar a tus clientes potenciales. Genera una conexión emocional con ellos hablando sobre cómo tu producto o servicio puede mejorar su vida.

La comunicación para diferenciarnos de la competencia

El mundo de las ventas es una jungla, sin embargo, la competencia puede ayudarnos a ganar puntos. Cada uno quiere destacarse y ser el elegido por los clientes. Por ello, es fundamental que encuentres la manera de diferenciarte, y cómo no, una de las herramientas más efectivas para lograrlo es la comunicación.

Para poder diferenciarnos, es fundamental conocer al cliente. La comunicación puede ser utilizada para hacer preguntas y escuchar las respuestas de los clientes, lo cual nos permitirá conocerlos de primera mano y adaptar nuestro mensaje a sus necesidades.

Aquí te presento algunas ideas que pueden ser útiles para lograrlo:

Mostrar nuestra experiencia y conocimiento:

Los clientes buscan seriedad y que seamos expertos en nuestra área para que podamos ofrecerles las mejores soluciones. Sin embargo, esto no pasa siempre. La comunicación puede ser utilizada para mostrar nuestro conocimiento en nuestro campo, lo cual nos permitirá diferenciarnos de la competencia y mostrarles a los clientes que somos la mejor opción, pero si estamos vendiendo un producto que no nos gusta o nos realiza... amigo, tenemos un problema. Pero de esto hablaré más adelante.

Ofrecer un buen servicio al cliente:

El servicio al cliente es uno de los principales factores que los clientes tienen en cuenta a la hora de elegir una marca.

¡Las cosas claras!:

Si utilizamos una comunicación clara, esto dará credibilidad y confianza a los clientes, y se sentirán más seguros al interactuar con nosotros.

Equipo de ventas: Cómo la comunicación afecta a la motivación

Un buen jefe de equipo debe ser un buen oyente. Escuchar activamente a los miembros del equipo les muestra que sus opiniones son importantes y que su encargado se preocupa ellos. Esto también ayuda a identificar las fortalezas y debilidades de cada miembro, lo que permite al jefe de equipo asignar tareas y responsabilidades adecuadas para maximizar el rendimiento del todo el equipo. Es por eso que es importante dedicar tiempo para mejorar la comunicación con el equipo. Los Asesores Comerciales deberían sentirse valorados, motivados y productivos, lo que llevará a una mejora en las ventas y la satisfacción del cliente. Quizás esto sea algo más que evidente, pero es creo importante reflejarlo.

Aquí hay algunas estrategias para mejorar la comunicación con el equipo de ventas:

Establecer expectativas claras:

Al principio de cada proyecto, se deben establecer expectativas claras sobre los objetivos, plazos y responsabilidades de cada miembro del equipo de ventas. Esto evitará confusiones y malentendidos más adelante.

Escuchar y brindar retroalimentación:

Es importante escuchar las preocupaciones y sugerencias del equipo de ventas, y brindar retroalimentación constructiva para mejorar el rendimiento y la eficacia.

Proporcionar capacitación y recursos:

El equipo de ventas necesita las herramientas y capacitación adecuadas para realizar su trabajo de manera efectiva. Si esto no se cumple, generará un descontento inmediato.

Crear un ambiente de trabajo positivo:

El ambiente de trabajo entre los compañeros tiene un impacto significativo en la motivación y el rendimiento del equipo de ventas. Un equipo debe trabajar para crear un ambiente de trabajo colaborativo, donde todos se sientan apoyados entre todos. Nadie es más que nadie.

Mantener una comunicación regular:

La comunicación regular es esencial para mantener a todos en el mismo camino y evitar malentendidos. Esto debe incluir reuniones semanales o mensuales para revisar el progreso y establecer objetivos.

Utilizar la tecnología de manera efectiva:

Las herramientas tecnológicas son esenciales para mejorar la comunicación ya que, pueden hacer un seguimiento para mantenerse al día sobre las actividades de venta y proporcionar retroalimentación inmediata.

Celebrar los éxitos:

Los éxitos del equipo de ventas deben ser reconocidos. Esto debe incluir alguna recompensa cuando se alcanzan metas importantes. Una cena, una salida al monte o un simple pintxopote.

Cómo la comunicación influye en la gestión de la reputación y la imagen de la marca

La comunicación juega un papel crucial en la gestión de la la imagen de la marca. En el entorno actual de las redes sociales y la tecnología digital, las empresas deben ser proactivas en la gestión de su reputación en línea.

Para empezar, es importante entender cómo se percibe la marca por el público en general. La imagen de la marca es una combinación de las percepciones, creencias y actitudes que las personas tienen sobre ella.

Durante mi trayectoria como Asesor Comercial trabajando para empresas de renombre, como Philip Morris con Marlboro a la vanguardia, ha reforzado mi convicción de que la transparencia y la autenticidad en la comunicación son factores cruciales para cultivar y mantener la confianza del cliente en la marca. Las empresas que son transparentes en su comunicación tienen más probabilidades de ser percibidas como auténticas.

Se debe estar preparado y dar una respuesta rápida y bien gestionada ante situaciones problemáticas, lo que puede minimizar el impacto negativo en la reputación de la marca. La falta de respuesta o una gestión ineficaz puede agravar la situación y generar una desconfianza que difícilmente se podrá deshacer.

Los consumidores, cada vez más sofisticados y modernos, son más exigentes y pueden detectar fácilmente la autenticidad de las empresas, por eso la labor de un Asesor Comercial es tan importante.

Respaldar a la marca y ser auténticos en la comunicación se percibe como más humano.

En este contexto, la estrategia de comunicación del propio Asesor Comercial debe ser coherente para garantizar que el mensaje de la marca sea uniforme, evitando posibles malentendidos.

Venciendo obstáculos en el proceso de venta

"Los desafíos son lo que hacen la vida interesante"

La comunicación es un proceso esencial en cualquier interacción, y en el ámbito de las ventas no es diferente. La comunicación efectiva entre el vendedor y el cliente es la base de una transacción exitosa. Sin embargo, a menudo las barreras de la comunicación pueden interferir en este proceso y dificultar la comprensión entre las partes.

Cómo adaptar tu comunicación para llegar a diferentes perfiles de cliente

En la comunicación de ventas, una estrategia que funciona con un cliente puede no funcionar con otro. Por lo tanto, es importante que los vendedores sepan adaptar su comunicación para llegar a diferentes perfiles de cliente. Esto significa conocer las necesidades, los intereses y los valores de cada cliente y ajustar su estilo de comunicación en consecuencia.

Para empezar, los vendedores deben identificar los diferentes perfiles de cliente con los que están trabajando. Algunos ejemplos de perfiles pueden ser clientes jóvenes, clientes mayores, clientes técnicos, clientes emocionales, entre otros. Una vez que los vendedores comprenden los diferentes perfiles de clientes, pueden ajustar su estilo de comunicación para conectarse mejor con cada uno de ellos.

Una forma de adaptar la comunicación para llegar a diferentes perfiles de cliente es personalizando el mensaje. En lugar de utilizar un discurso estándar para todos los clientes, los vendedores pueden adaptar su mensaje para hacerlo más relevante y atractivo para cada cliente en particular. Esto significa que los vendedores deben conocer los intereses y necesidades de cada cliente y utilizarlas para crear un mensaje personalizado.

Otra forma de adaptar la comunicación es utilizando un lenguaje que sea fácil de entender para cada perfil de cliente. Por ejemplo, si un vendedor está trabajando con un cliente técnico, puede utilizar un lenguaje técnico y específico para hablar sobre el producto o servicio. Por otro lado, si el cliente es emocional, el vendedor puede utilizar un lenguaje más descriptivo y emotivo para conectar mejor con el cliente.

Además, los vendedores deben ajustar su estilo de comunicación para adaptarse a la personalidad de cada cliente. Por ejemplo, si un cliente es introvertido y reservado, el vendedor puede adoptar un estilo de comunicación más suave y respetuoso para evitar intimidar al cliente. Por otro lado, si un cliente es más extrovertido y enérgico, el vendedor puede utilizar un estilo de comunicación más entusiasta y dinámico para conectar mejor con el cliente.

Finalmente, los vendedores deben ser capaces de adaptar su comunicación a diferentes canales de comunicación. Por ejemplo, si un cliente prefiere comunicarse por correo electrónico, el vendedor debe adaptar su mensaje para hacerlo claro y conciso para el correo electrónico. Por otro lado, si un cliente prefiere comunicarse por teléfono, el vendedor debe ser capaz de ajustar su tono de voz y su estilo de comunicación para transmitir confianza y profesionalismo.

Evitar el lenguaje técnico y hacer la venta accesible al cliente

Cuando se trata de ventas, el lenguaje técnico puede ser una barrera para la comunicarse con los clientes. Si bien es muy importante que los vendedores tengamos un conocimiento profundo del producto o servicio que estamos vendiendo, también es importante que podamos comunicar este conocimiento de una manera que sea fácil de entender para los clientes. Para evitar el lenguaje técnico y hacer la venta más accesible al cliente, aquí hay algunos consejos:

En primer lugar, los vendedores debemos utilizar un lenguaje simple y fácil de entender. Esto significa evitar términos técnicos y jerga que puedan confundir al cliente. Los vendedores debemos utilizar analogías y ejemplos simples para explicar conceptos técnicos de una manera más fácil de entender.

Además, los vendedores debemos prestar atención a la forma en que hablamos. Debemos evitar hablar demasiado rápido o utilizar un tono demasiado formal que pueda intimidar al cliente. En su lugar, tenemos que hablar de manera clara y amigable, utilizando un tono que transmita confianza y profesionalismo, pero que también sea accesible y cercano al cliente.

Otro consejo para evitar el lenguaje técnico es utilizar el lenguaje del cliente. Si un cliente no está familiarizado con la terminología técnica, los vendedores podemos utilizar el lenguaje que el cliente utiliza para describir su problema o necesidad. De esta manera, podemos mostrar al cliente que comprendemos sus necesidades y estamos trabajando para ayudarles a resolver su problema.

También podemos utilizar anécdotas de casos reales para ayudar a los clientes a entender cómo su producto o servicio puede resolver su problema. Al utilizar ejemplos de casos reales, los vendedores podemos mostrar al cliente cómo su producto o servicio ha ayudado a otros clientes a resolver problemas similares y cómo puede hacer lo mismo por ellos.

Además, deberíamos utilizar materiales visuales para ayudar a los clientes a entender conceptos técnicos de manera más accesible.

Las emociones en la comunicación de ventas: cómo manejarlas para lograr el éxito

Las emociones son una parte fundamental de la comunicación humana, y en el ámbito de las fuerzas de ventas, saber manejarlas puede ser la clave del éxito. Los vendedores deben comprender cómo influyen las emociones en las decisiones de compra de los clientes y cómo pueden usarlas para su ventaja.

El primer paso para manejar las emociones en la comunicación de fuerzas de ventas es reconocerlas. Los vendedores debemos ser conscientes de sus propias emociones y de las de sus clientes, y saber cómo identificarlas y manejarlas de manera efectiva. Las emociones pueden ser positivas o negativas, y es importante saber cómo manejar ambas para lograr el éxito en las ventas.

Para manejar las emociones negativas, como la frustración o el enojo del cliente, es importante no reaccionar de manera defensiva o agresiva. En su lugar, los vendedores debemos mostrar empatía y comprensión hacia el cliente, escuchar atentamente sus preocupaciones y tratar de encontrar una solución que satisfaga sus necesidades. Al mostrar empatía y comprensión, los vendedores podemos ayudar a calmar las emociones del cliente y establecer una relación de confianza que puede conducir a una venta exitosa.

Por otro lado, para manejar las emociones positivas, como la emoción o el entusiasmo del cliente, es importante no sobreestimularlo. Los vendedores debemos mantener la calma y el profesionalismo, y trabajar para guiar al cliente hacia una decisión de compra informada y bien pensada. Al no sobreestimular al cliente, los vendedores podemos asegurarse de que el cliente tome una decisión que sea beneficiosa para él y para la empresa.

Otra forma de manejar las emociones en la comunicación de fuerzas de ventas es usar el lenguaje emocionalmente inteligente. Esto implica usar palabras y frases que resuenen con el cliente y lo ayuden a conectar emocionalmente con el producto o servicio que se está vendiendo. Por ejemplo, en lugar de simplemente enumerar las características de un producto, los vendedores podemos enfatizar los beneficios y las soluciones que el producto puede brindar al cliente.

También es importante que los vendedores seamos capaces de adaptarnos a las diferentes emociones y personalidades de los clientes. Algunos clientes pueden ser más reservados y requerir un enfoque más tranquilo y reflexivo, mientras que otros pueden ser más entusiastas y requieren una actitud más enérgica y emocional. Ser capaces de leer las señales emocionales de los clientes y ajustar su enfoque de ventas en consecuencia.

Finalmente, los vendedores debemos ser capaces de mantener un equilibrio emocional en su propio trabajo. Es común que los vendedores experimenten rechazo y frustración en el proceso de venta, lo que puede afectar su confianza y motivación. Es importante que los vendedores sepamos cómo manejar estas emociones negativas y mantener una actitud positiva y motivada, lo que puede ser una influencia positiva en el cliente.

Atrévete a preguntar: las preguntas adecuadas para conocer las necesidades del cliente

En el ámbito de las fuerzas de ventas, es fundamental conocer las necesidades del cliente para poder ofrecerle soluciones adecuadas y personalizadas. Y para conocer esas necesidades, la clave está en hacer las preguntas correctas.

Sin embargo, hacer preguntas puede parecer una tarea sencilla, pero en realidad, es un arte que requiere de habilidad y práctica. Si las preguntas no son adecuadas, el cliente puede sentirse incómodo o incluso molesto, lo que puede obstaculizar la comunicación y la venta.

Por eso, es importante saber cómo hacer las preguntas adecuadas. A continuación, se presentan algunas claves que pueden ayudar a lograrlo:

Prepara las preguntas con anticipación:

Antes de hablar con el cliente, es importante pensar muy bien en las preguntas que se van a hacer. Esto permitirá que las preguntas sean más precisas y relevantes. Además, también ayudará a evitar preguntas que puedan incomodar al cliente o que no sean relevantes para su situación.

Usa preguntas abiertas:

Las preguntas abiertas son aquellas que no se pueden responder con un simple sí o no. Estas preguntas son ideales para conocer las necesidades del cliente, ya que permiten que el cliente se exprese libremente y proporcione información valiosa.

Escucha atentamente:

Hacer preguntas no solo se trata de formularlas, sino también de escuchar atentamente las respuestas del cliente. Es importante prestar atención a lo que dice el cliente para poder hacer preguntas más específicas y relevantes.

Evita preguntas sugestivas:

Las preguntas sugestivas son aquellas que sugieren una respuesta. Estas preguntas pueden hacer que el cliente se sienta incómodo o presionado para dar una respuesta en particular. En lugar de hacer preguntas sugestivas, es mejor hacer preguntas abiertas que permitan que el cliente se exprese libremente.

Haz preguntas de seguimiento:

Las preguntas de seguimiento son aquellas que se hacen después de una respuesta del cliente. Estas preguntas permiten profundizar en un tema y obtener más información relevante. También demuestran al cliente que se está interesado en su situación y que se quiere ayudar de manera efectiva.

Asegúrate de comprender las respuestas:

Después de hacer una pregunta, es importante asegurarse de comprender la respuesta del cliente. Si no se entiende algo, se pueden hacer preguntas de seguimiento para aclarar cualquier punto que no esté claro.

Comunicación intercultural: cómo superar las barreras culturales en las ventas.

La globalización ha generado un aumento en el número de empresas que se expanden hacia nuevos mercados internacionales, lo que ha llevado a una mayor diversidad cultural en el ámbito de las ventas. Por lo tanto, es fundamental que los vendedores desarrollen habilidades de comunicación intercultural para superar barreras.

La comunicación intercultural implica la comprensión y la adaptación a las diferencias culturales en la forma de comunicarse, expresarse y comportarse en los negocios. La cultura influye en la forma en que las personas interactúan, lo que puede crear malentendidos y confusiones en el proceso de venta.

Para superar estas barreras, es importante que los vendedores adquieran una comprensión profunda de las diferencias culturales entre ellos y sus clientes. Esto incluye la comprensión de los valores, creencias y costumbres del cliente, así como de las prácticas y las formas de comunicación en su país de origen.

La adaptación a las diferencias culturales es clave para lograr una comunicación efectiva. Un buen comercial debe evitar asumir que las expectativas y las normas culturales son las mismas en todos los países, y deben estar dispuestos a adaptarse a las prácticas y los estilos de comunicación de sus clientes.

Además, es importante que los vendedores eviten los estereotipos culturales y mantengan una mente abierta y sin prejuicios. Los estereotipos culturales pueden llevar a malinterpretaciones y a la creación de barreras en la comunicación

Una técnica eficaz para superar las barreras culturales en la comunicación de ventas es la utilización de un lenguaje común y claro. Hay que evitar el uso de jergas y utilizar un lenguaje sencillo y claro para evitar confusiones y malentendidos.

Otra técnica útil es la observación de las normas y costumbres culturales. Los vendedores deben familiarizarse con las normas de etiqueta y los comportamientos adecuados en la cultura de su cliente, para evitar ofenderlos o crear malentendido.

5 Barreras para el éxito

¿Qué ocurre si los vendedores se encuentran en una situación en la que cambiar de rumbo tras un rechazo no es tan sencillo?

A continuación, te proporciono algunas ideas que considero útiles para superar las barreras emocionales que suelen ser más comunes en el camino que enfrentamos los Asesores Comerciales:

N.º 1: Comparación. Inadecuado e innecesario

En el competitivo mundo de las ventas, es común que los Asesores Comerciales caigan en la trampa de compararse con otros. A menudo, esto implica identificar a una persona específica y perder rápidamente la perspectiva al adoptarla como referencia.

Quiero mencionar un concepto psicológico conocido como el 'Efecto Halo'. El efecto halo es un sesgo cognitivo que se refiere a la tendencia de las personas a generalizar la opinión positiva o negativa que tienen sobre una característica particular de una persona o cosa hacia otras características de esa misma persona o cosa. En términos simples, se refiere a la tendencia de las personas a asociar un rasgo positivo con otro.

El Efecto Halo puede llevarnos a asumir que el vendedor que acaba de cerrar una gran venta posee un enfoque que debemos emular. Sin embargo, esto puede no ser el caso.

El vendedor al que estamos atribuyendo un halo puede haber estado en el lugar adecuado en el momento adecuado o tener una relación previa con el comprador. Esto es muy importante tenerlo en cuenta. También puede haber sido beneficiario de una serie de factores que no son evidentes para los observadores externos de la venta recién cerrada.

Matthew McConaughey, profesor de comunicaciones de la Universidad de Texas, ofreció valiosos consejos sobre cómo competir contigo mismo en su discurso de aceptación del Premio de la Academia en 2014. Te invito a verlo.

Ya sea mirando hacia adelante o hacia atrás, es crucial dejar de compararnos con los demás y establecer nuestros propios estándares.

N.º 2: Aprobarse antes las personas incorrectas

En el mundo de las ventas, la necesidad de aprobación es una parte que está totalmente integrada en la profesión. Después de todo, nadie recibe una comisión por un acuerdo que no ha sido aprobado. El problema surge cuando sobrevaloramos la opinión de las personas equivocadas.

En el dinámico universo de las ventas, la necesidad de aprobación se erige como un pilar fundamental. Es, después de todo, el catalizador que transforma una negociación en una comisión legítima. No obstante, cuando esta necesidad se desborda y damos demasiado peso a las opiniones equivocadas, surgen los desafíos. Personalmente, considero que el objetivo no radica en despojarnos de esta necesidad de aprobación, sino en dirigirla sabiamente hacia las personas apropiadas. La clave no es anularla, sino canalizarla hacia aquellos cuyo juicio puede ser un faro de apoyo en lugar de un lastre.

En este sentido, discernir a quiénes otorgamos el poder de aprobarnos es esencial. La aprobación valiosa proviene de individuos cuyos valores están alineados con los nuestros y cuya experiencia en el campo es innegable. No se trata de ignorar las voces discordantes, sino de colocarlas en el contexto adecuado. Buscar la aprobación de las personas correctas se traduce en una herramienta poderosa para el éxito en el ámbito de las ventas.

N.º 3: Síndrome del Impostor

Si no has enfrentado el desafío del síndrome del impostor en algún punto de tu trabajo, considera que tienes suerte.

Alrededor del 70% de las personas, según estimaciones de psicólogos, experimentarán el síndrome del impostor en uno o más momentos de sus vidas. James Hetfield, líder de Metallica, el escritor Neil Gaiman, e incluso el astronauta (Yuri Alekséyevich Gagarin), todos son individuos exitosos que en algún momento han experimentado la sensación de ser un fraude y cuestionar si realmente merecían sus logros. Esto es lo que se conoce como el síndrome del impostor, un fenómeno psicológico identificado por primera vez en 1978, y que efectivamente afecta al 70 % de la población en algún punto de sus vidas, según el estudio "El fenómeno del impostor", publicado en el International Journal of Behavioral Science. Aquellos que experimentan este síndrome a menudo tienen dificultades para reconocer sus logros como resultado de su propio mérito, atribuyéndolos a otras razones, y viven con un temor constante de ser descubiertos como un impostor en su campo laboral.

La clave para superar este síndrome radica en reconocer que tus propias dudas e inseguridades son producto de tu propia mente. Recuerda que sentirte como un impostor es simplemente una construcción. Es una idea generada en tu mente basada en antiguas creencias o información obsoleta. Si eres capaz de hacer algo, entonces puedes hacerlo, sin importar cómo te sientas al respecto.

Evitar el síndrome del impostor también es más sencillo cuando has edificado una base sólida debajo de tu propia identidad.

En algún momento, todos los vendedores se sienten como impostores. Cuando esto sucede, la solución no es alejarse de la imagen reflejada en el espejo. En lugar de eso, confía en tu verdadero yo y no en la voz dentro de tu cabeza.

LOSER

Si buscas consejos sobre cómo superar el síndrome del impostor a nivel personal, existen diversas medidas que puedes tomar para mitigar esa sensación. Es crucial recordar que no estás solo en esto y que sentirte así no es algo anormal. En la búsqueda del éxito, es común experimentar la sensación de no estar a la altura. Con el tiempo, estos sentimientos pueden evolucionar hacia el síndrome del impostor.

Sin embargo, con dedicación y esfuerzo, es posible vencer este síndrome. Aquí te comparto algunos consejos para lograrlo:

A.   Enfócate en los hechos

El síndrome del impostor puede hacerte creer que no eres competente en tu trabajo. Sin embargo, esta percepción suele estar arraigada en el miedo y no en la realidad. La mejor manera de contrarrestar este síndrome es distinguir entre tus sentimientos y los hechos objetivos.

El Grupo de Liderazgo Consciente se refiere a esto como la distinción entre "hechos vs. historias". Los hechos son verdades observables, lo que una cámara de video podría captar. Las historias son la forma en que interpretamos esos hechos.

No puedes evitar que tu mente elabore historias, pero sí puedes centrarte en los hechos. La próxima vez que te encuentres en una situación que desencadene sentimientos de impostor, analiza los hechos y sepáralos de las interpretaciones subjetivas de la situación. Por ejemplo, si te sentiste incómodo después de hablar en una reunión de equipo, enfócate en lo que realmente expresaron los miembros de tu equipo. ¿Cómo superar el síndrome del impostor? La clave es poner los hechos primero, luego los hechos y nuevamente, los hechos.

B.   Valídate y sigue adelante

El hecho de que tus interpretaciones de un evento sean subjetivas (en lugar de objetivas) no significa que tus emociones carezcan de importancia. Afrontar el síndrome del impostor no implica ignorar tus sentimientos. Más bien, la forma más efectiva de lidiar con esta sensación es reconocer que te sientes mal, validar que es normal experimentar tales emociones y luego dejar atrás esos sentimientos si no tienen una base real.

C.   Expresar tus emociones

El síndrome del impostor puede crear una sensación de aislamiento. Sin embargo, como mencionamos previamente, este sentimiento es bastante común en el entorno laboral. Casi dos tercios (62 %) de los profesionales del conocimiento en todo el mundo han experimentado el síndrome del impostor. Por lo tanto, si te preguntas cómo enfrentar el síndrome del impostor o el síndrome de la impostora, la próxima vez que te sientas así, intenta compartir esos sentimientos con alguien más.

D.   Buscar pruebas concretas

Si reconocer o expresar tus emociones no te resulta útil, trata de contrarrestarlas con evidencia concreta. A menudo, el síndrome del impostor se basa en percepciones distorsionadas y no en hechos reales. Enfócate en los datos concretos para combatir estos sentimientos.

Si sueles sentir que no estás cumpliendo con tus responsabilidades a tiempo, revisa tus proyectos más recientes. Evalúa el trabajo que has realizado para determinar si tus sentimientos tienen un fundamento real. Si es así, habrás identificado un área específica en la que puedes trabajar y mejorar. Si no es así, utiliza estos hechos cada vez que esa voz interna te susurre que no estás a la altura.

Si no tienes una forma sencilla de revisar tu trabajo, considera utilizar una herramienta de gestión de tareas como Asana. Estas herramientas te permiten organizar tus labores, consultar proyectos anteriores y prepararte para el éxito en futuras iniciativas.

E.   Cambiar la perspectiva de tus pensamientos

Nuestros pensamientos tienen un gran poder. La actitud con la que enfrentamos el mundo tiene el potencial de dar forma a nuestra realidad, tanto de manera positiva como negativa.

Si tu diálogo interno tiende a ser negativo, comienza a observarlo y modifícalo en la medida de lo posible. Esta técnica no generará cambios inmediatos, pero con el tiempo, te ayudará a abordar situaciones desde una perspectiva más positiva y a prevenir el síndrome del impostor.

Por ejemplo, la próxima vez que cometas un error, en lugar de decirte a ti mismo "Eso fue terrible", intenta pensar: "Ese no fue mi mejor trabajo, pero la próxima vez será mejor". Al replantear tu lenguaje mental, estás reconfigurando tu mente para brindarte un mayor apoyo.

F.   Búsqueda de un guía

Para contrarrestar el síndrome del impostor, es esencial trabajar activamente en el desarrollo tanto de tus habilidades técnicas como de tus habilidades interpersonales. Esto te permitirá responder a esa voz interna que sugiere que tal vez no eres lo suficientemente competente en algo, recordándole que estás en un proceso de crecimiento y mejora.

Una excelente estrategia es buscar un mentor. Identifica a alguien dentro de tu organización o en tu campo de especialización que pueda proporcionarte valiosos consejos y apoyo. Podría tratarse de un líder con experiencia o incluso de un líder en otra empresa al que admires.

G.   Aprendizaje de tus compañeros

Un síntoma común del síndrome del impostor es la tendencia a compararte con tus compañeros y sentir que tu desempeño no alcanza el mismo nivel que el de ellos. Aunque es natural caer en esta comparación, existen formas de cambiar esta perspectiva.

La próxima vez que te sientas inclinado a compararte con tus compañeros, detente un momento y en su lugar, observa qué puedes aprender de ellos. Reconoce que hay miembros en tu equipo que poseen habilidades destacadas en áreas específicas. Esto no disminuye tu valía, sino que presenta una oportunidad para adquirir nuevos conocimientos. Al mismo tiempo, también cuentas con tus propios talentos y destrezas que puedes compartir con tus colegas para contribuir a su éxito.

H.   Anticipación para reducir los efectos del Síndrome del Impostor

Con el tiempo, es posible que identifiques situaciones específicas que desencadenan el síndrome del impostor. En tales casos, prepárate con anticipación para afrontar esos momentos y mitigar sus efectos.

I.   Reconocimiento de tus logros

En ocasiones, la forma más efectiva de combatir el síndrome del impostor es enfrentarlo directamente. Cuando sientas que has logrado algo significativo, ¡celebra! Si te sientes cómodo, comparte tus éxitos con tu equipo. Sin embargo, si esto parece ser un paso demasiado grande en este momento, comparte tu logro con alguien fuera del entorno laboral, como un amigo cercano o un miembro de tu familia.

Este consejo no se aplica únicamente a los momentos de éxito evidente. También puedes elaborar una lista de tus habilidades y cualidades. Estas pueden estar relacionadas con tu rol laboral, como ser un excelente vendedor, o bien ser más generales, reflejando tu carácter y disposición, como ser siempre un apoyo para tus compañeros de equipo. Mantén esta lista, junto con los elogios y comentarios que hayas recibido de tus superiores y compañeros a lo largo del tiempo, y recurre a ella cada vez que necesites un impulso de confianza en ti mismo.

N.º 4: La tendencia a complacer a las personas

El afán puede llevar a las personas a esforzarse tanto que se ven incapaces de cumplir con todas sus responsabilidades. Incluso si logran hacerlo, el enorme esfuerzo requerido para mantener esta actitud de complacencia puede llevar al agotamiento.

En el ámbito de las ventas, el impacto de esta actitud se manifiesta de diversas maneras.

Cuando los vendedores se empeñan en hacer feliz a la gente, pierden de vista lo que realmente conduce al cierre de un trato: demostrar el valor del producto o servicio. Si todo lo necesario para concretar una venta fuera una serie interminable de concesiones y simplemente repetir el "sí" una y otra vez, entonces nadie necesitaría a un vendedor.

Sin embargo, los compradores sí necesitan vendedores y, en ocasiones, esa necesidad radica en escuchar la verdad sobre lo que están considerando comprar, en lugar de simplemente recibir halagos.

A veces, poner al comprador en el centro significa decirle que la solución que tenían en mente no es la adecuada. Cuando esto sucede, perder la venta puede ser difícil. Pero será aún más complicado si eres el tipo de vendedor que, a nivel personal, busca agradar a todo el mundo.

Si esto te suena familiar, recuerda que hay una distinción crucial entre hacer felices a las personas y construir relaciones duraderas basadas en la satisfacción del cliente.

En ventas, no se trata de intentar contentar a todos diciendo lo que quieren oír, sino de demostrar el valor real del producto o servicio.

N.º 5: Resistencia al cambio

A medida que la industria de las ventas evoluciona y se adapta a las nuevas tendencias y tecnologías, la resistencia al cambio puede convertirse en una barrera significativa para el éxito de la fuerza de ventas. Muchos profesionales pueden sentirse cómodos con las estrategias y enfoques tradicionales, mostrando reticencia a adoptar nuevas herramientas y métodos.

Esta resistencia puede limitar su capacidad para aprovechar al máximo las oportunidades que ofrecen las innovaciones en ventas y tecnología. Es esencial que los equipos de ventas estén dispuestos a aprender y adaptarse a las nuevas formas de interactuar con los clientes y cerrar acuerdos de manera efectiva.

Superar esta barrera requiere un enfoque proactivo por parte de los líderes de ventas y la implementación de programas de formación y desarrollo que fomenten la agilidad y la disposición al cambio en la fuerza de ventas.

Gestión de las relaciones con los clientes

"La memoria de un cliente puede borrar palabras,
pero jamás el impacto de las emociones"

La fidelización de clientes es un aspecto crucial. Una vez que se ha logrado captar la atención del cliente y se ha concretado la venta, es importante mantener una relación satisfactoria para mantener el contacto con el cliente. A continuación, te presento algunos consejos clave para lograr la fidelización de clientes:

Ofrecer un buen servicio al cliente:

Una de las formas más efectivas de fidelizar a los clientes es ofrecer un buen servicio. Esto significa tratar a los clientes con respeto, amabilidad y profesionalismo en todo momento. Además, hay que estar disponibles para responder preguntas y resolver problemas.

Personalizar la experiencia del cliente:

Cada cliente es diferente y tiene necesidades únicas. Por lo tanto, es importante personalizar la experiencia del cliente en la medida de lo posible. Esto puede lograrse mediante la creación de programas de lealtad o mediante la personalización de los mensajes de publicidad para atraer a los clientes de manera más efectiva.

Ofrecer incentivos:

Ofrecer incentivos y recompensas a los clientes es otra forma efectiva de fidelizarlos. Esto puede incluir descuentos, ofertas especiales y programas de lealtad que recompensen a los clientes por su lealtad a la marca.

Mantener una comunicación constante:

Mantener una comunicación constante con los clientes es fundamental para fidelizarlos. Esto puede lograrse mediante el envío de boletines informativos, correo electrónico y mensajes de texto en WhatsApp que informen sobre promociones y descuentos.

Ser honesto y transparente:

Es importante ser claro en todas las comunicaciones con los clientes. Esto debe incluir ser honestos.

Ofrecer una garantía de satisfacción:

Es una forma favulosa de fidelizar a los clientes a pesar de que se utilice poco. Esto les da la confianza de que la empresa está comprometida con su satisfacción.

Personalización de la experiencia del cliente

En la actualidad, los clientes esperan cada vez más que las empresas ofrezcan una experiencia personalizada en su interacción con ellos. Esto se debe en parte al aumento en la competencia y la cantidad de opciones disponibles para los consumidores. Como resultado, las empresas deben esforzarse por ofrecer una experiencia de cliente diferenciada para destacarse entre la multitud.

La personalización de la experiencia del cliente no se trata solo de agregar el nombre del cliente en un correo electrónico o mensaje de texto. Se trata de entender las necesidades y deseos del cliente a nivel individual y adaptar la experiencia del cliente en consecuencia. Aquí hay tres estrategias clave para personalizar la experiencia del cliente:

Recopilar datos relevantes:

Para ofrecer una experiencia personalizada, es importante recopilar información relevante sobre los clientes. Esto puede incluir su historial de compras, preferencias de producto, interacciones previas con la empresa y cualquier otra información que pueda ayudar a comprenderle mejor.

Ofrecer una experiencia omnicanal:

Los clientes esperan una experiencia coherente y fluida en todos los canales que utilizan para interactuar con la empresa. Esto incluye canales en línea y fuera de línea, como el sitio web de la empresa, el correo electrónico, el teléfono y las tiendas físicas. Las empresas deben garantizar que la experiencia sea coherente en todos estos canales y adaptarse a las necesidades individuales de los clientes.

Ofrecer incentivos personalizados:

Los incentivos pueden ser una herramienta efectiva para mejorar la experiencia del cliente. Las empresas pueden personalizar los incentivos para cada cliente en función de sus preferencias y comportamiento de compra.

Manejo de quejas: cómo convertir una situación negativa en una oportunidad para mejorar la relación con el cliente.

El manejo adecuado de las quejas o reclamaciones es una habilidad esencial en el mundo de las ventas. Es inevitable que surjan problemas en algún momento, y lo importante es saber cómo manejarlos de manera efectiva y convertir una situación negativa en una oportunidad para mejorar la relación con el cliente.

En primer lugar, es importante recordar que la mayoría de los clientes que se quejan no buscan causar problemas, sino simplemente resolver un problema que han experimentado. Por lo tanto, es fundamental escuchar atentamente sus quejas y demostrar empatía hacia su situación.

Una vez que se ha escuchado al cliente y se ha entendido su problema, es esencial tomar medidas para resolverlo. Esto puede implicar ofrecer un reembolso, un cambio de producto o servicio, o una compensación adicional. Lo importante es que el cliente sienta que su problema ha sido abordado y se ha hecho un esfuerzo real para resolverlo.

Además de resolver el problema inmediato, es importante tomar medidas para prevenir que el problema vuelva a ocurrir en el futuro. Esto puede implicar cambios en el proceso de ventas o en la capacitación de los empleados. Al hacer esto, no solo se evita que el problema vuelva a ocurrir, sino que también se demuestra al cliente que se toman en serio sus preocupaciones y se trabaja para mejorar el servicio al cliente.

Otro aspecto importante en el manejo de quejas y reclamaciones es mantener la calma y la compostura en todo momento. A veces, los clientes pueden ser agresivos o desagradables, pero es importante no dejarse llevar por sus emociones y seguir siendo profesional en todo momento. Esto ayuda a mantener la situación bajo control y evita que la situación empeore.

Finalmente, es importante tomar la queja o reclamación como una oportunidad para mejorar la relación con el cliente. A menudo, los clientes que se quejan y reciben una respuesta rápida y efectiva se sienten más satisfechos que aquellos que nunca tuvieron un problema en primer lugar.

Desarrollo de aptitudes en ventas

"Transforma tus desafíos en oportunidades y las palabras en acciones"

Para mí, liderar un equipo de ventas para lograr una mayor eficiencia y rendimiento ha sido uno de los desafíos más emocionantes y gratificantes. A lo largo de mi experiencia profesional, he aprendido algunos consejos prácticos que me gustaría compartir.

Lo primero que aprendí es la importancia de establecer objetivos claros y medibles para un equipo de ventas. Cuando comencé en mi posición como jefe de ventas, me di cuenta rápidamente de que mi equipo no tenía objetivos claros. Así que trabajé para establecer objetivos realistas. Esto les dio una mayor sensación de propósito y dirección, y los motivó para trabajar mejor y lograr los objetivos.

Otra cosa que aprendí es la importancia de brindar desarrollo continuo al equipo de ventas. Cuando comencé, me di cuenta de que algunos comerciales del equipo no tenían las habilidades necesarias para rematar las ventas con éxito. Así que trabajé para mejorar la confianza del equipo con algunas formaciones propias, lo que se reflejó en un mayor rendimiento.

Además, me aseguré de mantener una comunicación abierta, escuchando sus ideas y brindando retroalimentación constructiva y positiva. También me aseguré de mantener al equipo informado la visión de la empresa para mantenerlos enfocados.

Otro aspecto importante que aprendí es la importancia de reconocer y recompensar los logros del equipo de ventas. A medida que el equipo comenzó a lograr objetivos y a vender con éxito, me aseguré de reconocer sus logros y recompensarlos. Esto ayudó a fomentar un ambiente de trabajo mucho más positivo.

Además, aprendí que fomentar un ambiente de trabajo colaborativo y de apoyo es fundamental para liderar un equipo de ventas efectivo. Los miembros del equipo trabajaron juntos en lugar de competir entre sí. Esto permitió al equipo trabajar de manera más eficiente, lo que se reflejó en un mayor rendimiento en general.

Por último, aprendí que es importante mantener un enfoque en la mejora continua. Esto significa analizar regularmente el rendimiento del equipo, identificar áreas de mejora y trabajar con cada uno de los comerciales para implementar cambios y mejoras cuando era necesario.

Habilidades de liderazgo en ventas: ¿Cómo motivar y guiar a tu equipo?

El liderazgo es una habilidad esencial para cualquier jefe de equipo exitoso. Es necesario ser un buen comunicador, inspirar y motivar a los miembros del equipo para alcanzar los objetivos de ventas. A continuación, te presento algunas habilidades clave que creo que todo jefe de equipo debe tener en cuenta para motivar y guiar a su equipo hacia el éxito.

Visión clara:

Un buen encargado debe tener una visión clara y compartir esta visión con el equipo de ventas. Esto ayuda a mantener a todos enfocados en el objetivo final y proporciona un marco de referencia para la toma de decisiones.

Orientación a resultados:

Debe estar orientado a los resultados. Es importante establecer objetivos y metas claras y trabajar con el equipo para desarrollar planes de acción para alcanzarlos. Además, es fundamental medir y evaluar el desempeño del equipo de ventas para asegurarse de que están en el camino correcto.

Motivación:

La motivación es esencial para mantener al equipo de ventas enfocado y comprometido. Debe ser capaz de inspirar y motivar a los miembros del equipo a través de una comunicación efectiva, reconocimiento y recompensas.

Habilidad para tomar decisiones:

Debe ser capaz de tomar decisiones efectivas y oportunas. Esto implica analizar datos y situaciones complejas, evaluar riesgos y beneficios y tomar decisiones informadas para guiar al equipo hacia el éxito.

Liderazgo por ejemplo:

Debe liderar por ejemplo. Esto es muy importante e implica ser un modelo a seguir para los miembros del equipo y demostrar una gran pasión por el trabajo y el puesto.

Habilidad para resolver problemas:

Debe ser capaz de resolver problemas de manera efectiva. Esto implica identificar problemas y oportunidades, analizar opciones y tomar decisiones informadas para abordar los desafíos.

Flexibilidad y adaptabilidad:

Debe ser flexible y adaptable. Es importante estar dispuesto a cambiar las estrategias y los planes a medida que cambian las circunstancias. Además, es fundamental adaptarse a las necesidades y estilos de trabajo individuales de los miembros del equipo de ventas.

La perseverancia en ventas: ¿cómo superar los obstáculos y lograr el éxito?

La perseverancia es una de las cualidades más importantes que un vendedor puede tener, ya que las ventas son un proceso constante de altos y bajos. Sin embargo, he aprendido de mi propia experiencia que a veces puede resultar difícil mantener esa perseverancia en el camino.

Uno de los mayores obstáculos que he enfrentado en esta profesión es el rechazo. Cuando un cliente no está interesado en lo que tengo para ofrecer, puede resultar extremadamente difícil no tomarlo como una derrota personal. Pero a lo largo de los años, he aprendido que el rechazo no significa el final de una venta. En lugar de sentirme desanimado, he aprendido a tomar el rechazo como una oportunidad para aprender y mejorar mi enfoque de venta.

Otro obstáculo común en ventas es la competencia. Puede ser desalentador cuando un cliente opta por el producto de un competidor en lugar del tuyo. Pero en lugar de desanimarme, he aprendido a tomar la competencia como una oportunidad para mejorar y encontrar maneras de diferenciarme de la competencia.

La falta de motivación también puede ser un obstáculo importante en ventas. Hay días en los que puede resultar difícil encontrar la motivación para seguir adelante, especialmente cuando parece que las ventas simplemente no están llegando. En estos casos, he aprendido a buscar inspiración en otros vendedores o comunicadores. También he encontrado útil establecer pequeñas metas a corto plazo y celebrar cada pequeño éxito en el camino hacia una venta mayor.

La falta de confianza también puede ser un obstáculo importante en ventas. Cuando no estamos seguros de nosotros mismos, puede resultar difícil persuadir a un cliente de que nuestro producto o servicio es el mejor. Para superar este obstáculo, he aprendido a centrarme en las necesidades del cliente y en cómo mi producto o servicio puede satisfacer esas necesidades. Al centrarme en el cliente en lugar de en mí mismo, he encontrado que mi confianza aumenta naturalmente.

Es importante recordar que nadie tiene todas las respuestas y que, en ocasiones, es útil buscar la orientación de los demás.

Cómo persuadir a los clientes potenciales y cerrar más ventas de manera efectiva

La persuasión es una de las habilidades más importantes en el mundo de las ventas. Si no eres capaz de persuadir a los clientes potenciales, difícilmente lograrás cerrar una venta. Durante mi trayectoria como comercial, he aprendido algunas estrategias que me han permitido persuadir a los clientes potenciales y cerrar más ventas de manera efectiva.

En primer lugar, es fundamental conocer bien al cliente potencial. No se trata solo de saber sus necesidades y deseos, sino de entender su personalidad y estilo de vida. Esto te permitirá adaptar tu mensaje a sus intereses y preocupaciones. Por ejemplo, si estás vendiendo un producto para el cuidado de la piel a una mujer de 40 años, debes enfatizar en los beneficios antiedad y la prevención de arrugas. En cambio, si tu cliente potencial es una persona joven, es posible que desees destacar los beneficios de tener una piel limpia y libre de acné.

Otra estrategia efectiva es utilizar historias y testimonios de otros clientes satisfechos. La mayoría de las personas confían más en las recomendaciones de otros clientes que en las promesas de un vendedor. Si puedes contar historias reales de clientes que han obtenido buenos resultados con tu producto o servicio, esto aumentará la confianza y credibilidad en tu oferta.

Además, es importante destacar los beneficios y no solo las características de tu producto o servicio. En lugar de decir "este producto tiene una capacidad de 5 litros", di "con este producto podrás cocinar grandes comidas para toda la familia sin tener que preocuparte por quedarte sin espacio". En lugar de decir "nuestro servicio de limpieza es eficiente", di "con nuestro servicio de limpieza, tendrás más tiempo libre para hacer lo que realmente te gusta".

Por último, no subestimes el poder de una buena presentación visual. Las personas suelen recordar mejor las imágenes que las palabras. Si puedes mostrar fotos o videos de tu producto en acción, esto ayudará a que los clientes potenciales se imaginen usando tu producto o servicio en su vida cotidiana. También puedes utilizar gráficos o estadísticas para destacar los beneficios de tu oferta.

Cómo superar el miedo al rechazo y aumentar la confianza

Recuerdo cuando comencé mi carrera en ventas, tenía algo de miedo al rechazo. No quería escuchar el famoso "no" de un posible cliente. A veces era tan duro que tomaba personalmente el rechazo y me desanimaba para seguir adelante.

Sin embargo, a medida que fui avanzando, aprendí que el rechazo es una parte normal y necesaria de las ventas. Cada "no" que recibes te acerca a un "sí". Y lo más importante es que, aunque pueda parecerlo, el rechazo no tiene nada que ver contigo como persona, sino más bien con la situación y los intereses del cliente.

Más aún, entendí, siguiendo la sabiduría atemporal de Dale Carnegie, el famoso orador y psicólogo norteamericano, que "El miedo es el resultado de una falta de confianza. La falta de confianza es el resultado de no saber lo que puedes hacer. La falta de saber lo que puedes hacer es causada por la falta de experiencia. La falta de experiencia es causada por la falta de hacer algo nuevo".

Para superar el miedo al rechazo y aumentar la confianza en ventas, es fundamental entender que el éxito en ventas no se trata de cuántos clientes dicen "sí", sino de cuántas oportunidades creas. Para ello, es importante trabajar en el desarrollo de habilidades de ventas, como la mencionadísima capacidad de escuchar al cliente y la identificación de sus necesidades y deseos.

Además, es importante aprender a manejar el estrés que puede venir con el trabajo en este sector. Es bueno tener un plan de contingencia para lidiar con el rechazo, como recordar éxitos pasados o hablar con un amigo o compañero de trabajo de vez en cuando para obtener apoyo.

Otro aspecto importante para superar el miedo al rechazo es mantener una actitud positiva y proactiva. En lugar de centrarse en los "noes", es importante enfocarse en las oportunidades que se pueden crear y en cómo mejorar para futuras ventas. Celebrar los éxitos, por pequeños que sean, también puede ayudar a mantener la motivación y la confianza en uno mismo.

Finalmente, la formación continua y la búsqueda de feedback de los clientes y compañeros de trabajo también pueden ser fundamentales para aumentar la confianza en ventas. Es importante estar siempre en busca de nuevas formas de mejorar y estar abiertos a la crítica constructiva para poder crecer y evolucionar como líderes de ventas.

En conclusión, Recuerda que cada "no" te acerca a un "sí", y que el éxito en ventas no se trata de cuántos clientes dicen "sí", sino de cuántas oportunidades se creen.

Perseverancia en ventas

*"Los Asesores Comerciales perseverantes convierten
las negativas en notas de aprendizaje"*

En ventas, como en cualquier aspecto de la vida, hay momentos de éxito y momentos de fracaso. La diferencia entre aquellos que alcanzan el éxito y los que no, a menudo radica en su capacidad para perseverar y superar los obstáculos.

A lo largo de mi carrera como Asesor Comercial, he experimentado varios rechazos y fracasos. Hubo momentos en los que me sentí desanimado y tentado a rendirme. Sin embargo, aprendí que el fracaso es simplemente una oportunidad para aprender y crecer, y que cada "no" me acerca más a un "sí".

En el ámbito de las ventas, la perseverancia es fundamental. Albert Einstein mencionó una vez: "El éxito es 1% talento y 99% de trabajo duro". Esta idea se aplica perfectamente en este campo. Mantener una mentalidad positiva y persistente es clave. En lugar de centrarnos en los obstáculos y rechazos, debemos enfocarnos en las oportunidades y los clientes potenciales. La persistencia en la búsqueda de ventas es crucial; no debemos permitir que el desaliento nos aparte de nuestros objetivos.

Una de las herramientas más útiles para mantener una actitud perseverante en las ventas es el establecimiento de objetivos claros y realistas. Establecer objetivos proporciona una dirección clara y un propósito, y ayuda a mantener el enfoque y la motivación. Es importante tener en cuenta que los objetivos deben ser alcanzables y medibles, de lo contrario, pueden resultar desalentadores.

Otra clave para la perseverancia en las ventas es la capacidad de adaptarse y ser flexible. A menudo, el éxito en las ventas depende de nuestra capacidad para adaptarnos a las necesidades y deseos de los clientes. Esto puede significar cambiar nuestra estrategia de ventas o incluso nuestro producto o servicio. La capacidad de ser flexible y adaptarse a los cambios puede ser la diferencia entre el éxito y el fracaso.

La perseverancia también se trata de ser resolutos y no rendirse ante la adversidad. Es importante recordar que los obstáculos y rechazos son parte del proceso de ventas y que no debemos tomárnoslo personalmente. En lugar de eso, debemos utilizar estas experiencias como oportunidades para aprender y crecer.

Otro aspecto importante para aprender a persistir en las ventas es tener una red de apoyo. Esto puede ser en forma de un mentor, un colega o incluso un grupo de ventas en línea. Tener a alguien que pueda proporcionar apoyo y motivación puede ser un gran beneficio en momentos de dificultad.

La importancia de la autodisciplina

La autodisciplina es un factor clave para lograr el éxito en ventas. Sin embargo, no siempre es fácil mantenerlo. En mi experiencia, he aprendido que la autodisciplina es la capacidad de seguir adelante, incluso cuando las cosas se ponen difíciles.

En las ventas, a menudo nos enfrentamos a situaciones desafiantes que pueden poner a prueba nuestra autodisciplina. Por ejemplo, cuando un cliente potencial nos rechaza o cuando tenemos que hacer frente a una cuota de ventas difícil. En estos momentos, es fácil sentirse desanimado y desmotivado. Sin embargo, es en estos momentos cuando es más importante que nunca mantener la autodisciplina y seguir adelante.

La autodisciplina también se aplica a la planificación y organización. Para tener éxito en ventas, es esencial establecer objetivos y un plan de acción para alcanzarlos. Además, hay que ser disciplinado para seguir el plan y realizar un seguimiento de los resultados. Es fácil perder el enfoque y la motivación si no hay un plan claro y definido.

En mi experiencia, he encontrado que la visualización es una excelente herramienta para mantener el enfoque. La visualización es una técnica poderosa para enfocar nuestra mente en el objetivo final. Visualizar el éxito en ventas puede ayudarnos a mantenernos enfocados y motivados.

Otra forma de mantener el enfoque es eliminar las distracciones. Las redes sociales, los correos electrónicos y los mensajes de texto pueden ser una gran distracción en el lugar de trabajo. Es importante establecer límites y reservar momentos específicos para revisar estos canales de comunicación. También es recomendable apagar el teléfono o ponerlo en modo avión durante las reuniones con clientes potenciales.

La Pirámide del Aprendizaje

La teoría de la Pirámide del Aprendizaje es un modelo que ilustra las diferentes formas en que un Asesor Comercial procesa información. Esta representación visual destaca la efectividad de diversas estrategias de aprendizaje, proporcionando una gran guía para los profesionales de la fuerza de ventas y cualquier persona interesada en optimizar su proceso de aprendizaje.

Escucha:

En la cúspide de la pirámide se encuentra el acto de escuchar, con solo un modesto 5% de retención. Aunque la audición es una forma fundamental de adquirir información, su capacidad para retenerla es limitada. Sin embargo, la escucha activa sigue siendo esencial como punto de partida para el aprendizaje.

Lectura:

Justo debajo se encuentra la lectura, con una tasa de retención ligeramente mayor del 10% después de 24 horas. La lectura proporciona una comprensión más profunda que la simple audición, ya que permite al lector procesar la información a su propio ritmo y volver a revisarla según sea necesario.

Recursos audiovisuales:

El uso de recursos audiovisuales, clasificado en un 20% de retención, se destaca como una estrategia efectiva para mejorar el aprendizaje. Los elementos visuales y auditivos complementan la información, lo que facilita su comprensión y recuerdo.

Demostrar:

La demostración práctica, que implica la aplicación activa de conocimientos, aumenta significativamente la retención al 30% al día siguiente. Ya sea a través de pruebas teóricas o experimentos prácticos, esta metodología permite a los asesores comerciales experimentar directamente el contenido, lo que fortalece su comprensión y memoria.

Argumentar:

Sin embargo, el nivel de retención se dispara al 50% cuando los asesores comerciales se involucran en el proceso de argumentación. Al justificar y defender sus puntos de vista, no solo internalizan el material, sino que también desarrollan habilidades críticas y de pensamiento analítico.

Practicas:

Planteamientos de experiencias a través de problemas y casos prácticos reales. La realización de prácticas concretas se destaca como una de las formas más efectivas de aprendizaje, con una impresionante retención del 75% al día siguiente. Al involucrar múltiples sentidos y participar activamente en la aplicación de conceptos, se consolida la comprensión de manera significativa.

Instruir y formar:

Finalmente, la forma más poderosa de aprender es enseñar a otros, con una tasa de retención asombrosa del 90%. Al explicar conceptos a otros, no solo demuestras dominio del material, sino que también refinas tu comprensión al adaptar la información para que sea comprensible para los demás.

Cómo enfrentar el fracaso y transformarlo en una oportunidad de aprendizaje

En el mundo de las ventas, el fracaso es una parte inevitable del proceso. No todas las ventas se cerrarán, no todas las presentaciones serán exitosas y no todos los clientes estarán interesados en nuestro producto o servicio. Es fácil dejarse llevar por la frustración y la decepción cuando se experimenta un fracaso, pero en lugar de permitir que esto nos desanime, podemos aprender a enfrentar el fracaso y transformarlo en una oportunidad de aprendizaje y crecimiento.

En mi experiencia como Asesor Comercial, he aprendido que la clave para superar el fracaso es tener una mentalidad de crecimiento. En lugar de ver el fracaso como una indicación de falta de habilidad o talento, lo veo como una oportunidad para mejorar y crecer. Cuando enfrento un fracaso, me tomo un momento para reflexionar sobre lo que salió mal y lo que podría haber hecho de manera diferente. Esto me ayuda a identificar áreas en las que puedo mejorar y a desarrollar una estrategia para hacerlo.

Otra herramienta que he encontrado útil para enfrentar el fracaso es la autodisciplina. Cuando experimento un fracaso, puede ser fácil caer en la tentación de distraerme con otras cosas en lugar de enfrentar la situación de frente. Sin embargo, he aprendido que la autodisciplina es esencial para superar el fracaso y mantener el enfoque en mis objetivos de ventas. Me aseguro de mantener mi rutina diaria y mantenerme enfocado en mis tareas diarias para asegurarme de que estoy haciendo todo lo posible para tener éxito en mis ventas.

Una vez que he identificado las áreas en las que puedo mejorar y he desarrollado una estrategia para hacerlo, es importante recordar que el fracaso es parte del proceso de aprendizaje y crecimiento. En lugar de permitir que el fracaso me desanime, trato de mantener una actitud positiva y motivada. Me recuerdo a mí mismo que cada fracaso es una oportunidad para aprender algo nuevo y mejorar mis habilidades de ventas. Además, trato de rodearme de personas que me apoyen y me inspiren en mi carrera de ventas.

Por último, he aprendido que la resiliencia es clave para enfrentar el fracaso. La resiliencia es la capacidad de recuperarse rápidamente de los contratiempos y las dificultades, y es esencial para tener éxito en el mundo de las ventas. Cuando experimento un fracaso, me tomo un momento para reflexionar sobre lo que salió mal y cómo puedo mejorar en el futuro. Luego, me concentro en seguir adelante y trabajar duro para lograr mis objetivos de ventas.

Estrategia efectiva de seguimiento para cerrar ventas

Cuando se trata de ventas, el seguimiento es clave para cerrar tratos exitosos. Sin embargo, muchas veces los vendedores pueden perder oportunidades valiosas simplemente por no tener una estrategia clara y efectiva de seguimiento.

A lo largo de mi carrera en ventas, he aprendido la importancia de crear una estrategia sólida de seguimiento para garantizar el éxito en las ventas. A continuación, comparto algunos consejos basados en mi experiencia:

Planificar y organizar:

Antes de comenzar cualquier seguimiento, es importante planificar y organizar toda la información relevante sobre el cliente y la oferta que se está presentando. Asegúrate de tener un registro detallado de cada interacción que hayas tenido con el cliente y cualquier información adicional que pueda ser relevante para el seguimiento. Además, organiza tus tareas diarias para incluir el tiempo necesario para realizar el seguimiento con los clientes.

Establecer una línea de tiempo:

Una vez que tienes toda la información relevante organizada, establece una línea de tiempo para tus seguimientos. Esto significa determinar cuánto tiempo debes esperar antes de realizar un seguimiento después de cada interacción, así como también definir fechas límite para la presentación de propuestas o para la toma de decisiones por parte del cliente. Tener una línea de tiempo clara te ayudará a mantenerte organizado y a no perder la oportunidad de cerrar un trato.

Utilizar una variedad de canales de comunicación:

No todos los clientes prefieren el mismo canal de comunicación. Algunos pueden preferir una llamada telefónica, mientras que otros prefieren un correo electrónico o un mensaje de texto. Asegúrate de conocer las preferencias de tus clientes y utilizar una variedad de canales de comunicación para realizar el seguimiento. De esta manera, puedes asegurarte de que el cliente recibirá la información de seguimiento de la manera en que prefiere y aumentarás tus posibilidades de éxito.

Ser proactivo:

En lugar de esperar a que el cliente se comunique contigo, sé proactivo y realiza el seguimiento en un plazo razonable después de cada interacción. Demuestra al cliente que valoras su tiempo y que estás comprometido a garantizar su satisfacción con el producto o servicio que estás ofreciendo.

Personalizar el seguimiento:

Cada cliente es diferente y tiene necesidades únicas. Personaliza tu seguimiento para abordar las preocupaciones específicas de cada cliente.

Seguir después de la venta:

Muchos vendedores cometen el error de dejar de lado el seguimiento después de la venta. Sin embargo, es importante continuar manteniendo contacto con el cliente después de la venta para garantizar su satisfacción y mantener una relación duradera. Asegúrate de seguir preguntando sobre sus necesidades y ofrecer soluciones que se ajusten a sus necesidades cambiantes.

Mantenerse motivado durante los malos períodos

Los vendedores experimentan altibajos en su carrera y es natural tener períodos de sequía en ventas. Es importante recordar que estos períodos son temporales y que se pueden superar con perseverancia y una mentalidad positiva. Aquí te comparto algunas de mis experiencias en cómo mantenerse motivado durante los períodos de sequía en ventas:

Reforzando la mentalidad positiva:

La actitud es clave para enfrentar cualquier situación, especialmente las difíciles. Durante los períodos de sequía en ventas, es fácil caer en una mentalidad negativa y pensar en todo lo que no está funcionando. En lugar de eso, trata de enfocarte en las cosas positivas que han sucedido en tu carrera de ventas, como las ventas que cerraste con éxito en el pasado, los clientes que te han felicitado por tu trabajo o los logros que has obtenido. Reconoce tus fortalezas y habilidades y recuérdate a ti mismo que eres capaz de superar cualquier obstáculo.

Buscando apoyo:

La venta puede ser una carrera solitaria, pero eso no significa que tengas que pasar por los períodos de sequía en ventas solo. Busca apoyo de tu equipo de ventas, compañeros de trabajo, amigos y familiares. Habla con ellos sobre lo que estás experimentando y pídeles consejos o ideas para superar la situación. La conexión con otros puede ayudarte a sentirte mejor y a obtener diferentes perspectivas sobre cómo abordar la situación.

Estableciendo objetivos alcanzables:

Los objetivos pueden ayudarte a mantener tu enfoque y motivación durante los períodos de sequía en ventas. Establece objetivos realistas y alcanzables para ti mismo y trabaja en ellos cada día. Celebra cada pequeño logro que consigas y utilízalo como motivación para seguir a delante.

Reforzando habilidades:

Dedica tiempo a mejorar tus habilidades de venta. Puedes leer libros, tomar cursos, asistir a seminarios o ver videos de ventas en internet. Reforzar tus habilidades te ayudará a sentirte más seguro en tu trabajo y a estar mejor preparado para abordar cualquier situación de venta. ¡Te lo aseguro!

Enfocándose en el cliente:

En lugar de centrarte en las ventas que no estás cerrando, enfócate en el cliente y en cómo puedes ayudarle. La venta no se trata solo de vender un producto o servicio, sino también de brindar soluciones a los clientes. Escucha y preocúpate por ayudarles a encontrar la solución adecuada. Esto te ayudará a sentirte más conectado con tu trabajo y a recordar por qué elegiste la carrera de ventas en primer lugar.

Tomando un descanso:

Por último, pero no menos importante, no tengas miedo de tomar un descanso cuando lo necesites. Los períodos de sequía en ventas pueden ser muy estresantes. Si te sientes abrumado, tomate un tiempo para descansar. Esto te ayudará a sentirte renovado para enfrentar la situación.

El poder de la persuasión en ventas

"En ventas, la persuasión no es solo convencer, es despertar el deseo"

En el mundo de las ventas, persuadir a los clientes potenciales para que compren un producto o servicio es un desafío constante. Y para ser efectivo en la persuasión, es esencial conocer a tu público objetivo.

Una de las claves para conocer a tu público objetivo es realizar una investigación de mercado. La investigación de mercado te permite comprender las necesidades, deseos y problemas de tu público objetivo. Al conocer estos detalles, puede personalizar su enfoque y su mensaje de ventas para que sean más relevantes y persuasivos para su audiencia.

Además de la investigación de mercado, puedes obtener información valiosa al interactuar directamente con tu público objetivo. Puedes hacer esto a través de entrevistas y otras formas de investigación de mercado cualitativa. Al hablar directamente con tu audiencia, puedes obtener información más específica sobre sus necesidades, preocupaciones y deseos.

Una vez que hayas obtenido información sobre su público objetivo, es importante utilizar ese conocimiento para adaptar tu mensaje de ventas. El mensaje de ventas debe ser claro, conciso y enfocado en los problemas y deseos de su público objetivo. Si puedes mostrarles cómo su producto o servicio puedes resolver un problema o satisfacer un deseo, estarán más inclinados a obtenerlo.

Además de conocer a su público objetivo, también es importante entender los diferentes tipos de personalidad de los clientes y adaptarse a ellos. Algunas personas son más analíticas y necesitan datos y cifras concretas para tomar una decisión de compra, mientras que otras son más emocionales y necesitan sentirse conectadas emocionalmente con un producto o servicio antes de comprarlo. Al adaptarse a diferentes tipos de personalidad, puedes persuadir más efectivamente a una variedad de clientes.

Por último, es esencial tener en cuenta que la persuasión no se trata de manipular a las personas para que compren algo que no necesitan o no quieren. En cambio, se trata de comprender las necesidades y deseos de su público objetivo y ofrecerles una solución que satisfaga esas necesidades y deseos.

Guiando la decisión de compra: Cómo conducir a la acción

En este punto me gustaría mencionar la persuasión inspirada por la sabiduría intemporal del filósofo alemán Arthur Schopenhauer, específicamente su obra "El arte de tener razón". Este libro, aunque escrito en el siglo XIX, sigue siendo una guía intrigante para enfrentar argumentos.

En este contexto, adoptar las lecciones del "Arte de tener razón" en el mundo de las ventas implica entender que persuadir no solo se trata de presentar hechos, sino de tejer un relato convincente. Las tácticas schopenhauerianas, diseñadas para ganar argumentos, encuentran su aplicación en la habilidad para construir narrativas convincentes que resalten los beneficios del producto o servicio.

Me gusta enfocarlo como una "fusión de sabiduría clásica con las demandas contemporáneas".

Es importante destacar que estas tácticas no necesariamente reflejan un enfoque ético. Schopenhauer era conocido por su estilo polémico y su aplicación puede variar según la interpretación de cada persona. Pero sin duda, es uno de mis libros favoritos, ya que la filosofía de Schopenhauer en este libro tiene el poder de provocarme reflexiones complejas y desafiar mis percepciones. ¡Te animo a comprobarlo!

Siguiendo con la temática, en el mundo de las ventas, la persuasión es un arte que puede hacer la diferencia entre cerrar una venta o no. La persuasión efectiva se trata de influir en la decisión de compra del cliente, y para lograrlo, es necesario utilizar técnicas adecuadas que permitan conectar con el cliente y mostrarle los beneficios de lo que se está ofreciendo.

Una de las técnicas más efectivas de persuasión es la de la empatía. Consiste en ponerse en los zapatos del cliente para entender sus necesidades y deseos. Una vez que se comprende lo que el cliente está buscando, se puede adaptar la estrategia de venta para ofrecer exactamente lo que necesita.

Otra técnica importante es la de la prueba social. El ser humano tiene una tendencia natural a seguir lo que otros hacen, por lo que si se demuestra que muchas personas están con un producto o servicio, el cliente potencial puede sentirse más inclinado a hacerlo también. Por ejemplo, un vendedor puede mencionar que muchos clientes han quedado satisfechos con el producto que está ofreciendo.

Como comento en otros capitulos, la escasez también puede ser una técnica efectiva de persuasión. Cuando el cliente siente que el producto o servicio es limitado, puede ser más propenso a tomar una decisión de compra. Por ejemplo, un vendedor puede mencionar que solo quedan unos pocos productos en inventario, lo que puede motivar al cliente a tomar acción antes de que se agoten.

Otra técnica de persuasión efectiva es la de la reciprocidad. Al ofrecer un beneficio adicional, el cliente puede sentirse más inclinado a tomar la decisión de compra. Por ejemplo, un vendedor puede ofrecer un periodo de prueba de un software antes de que el cliente compre la versión completa.

Por último, la persuasión puede lograrse a través de la creación de una conexión emocional con el cliente. Si el cliente se siente identificado con la historia detrás del producto o servicio, puede ser más probable que tome una decisión de compra.

Cómo crear una conexión emocional con el cliente para aumentar tu poder de persuasión

En ventas, no se trata solo de presentar características y beneficios de un producto o servicio. Si realmente deseas persuadir a un cliente y cerrar una venta, debes crear una conexión emocional con ellos. Cuando los clientes sienten una conexión contigo, son más propensos a confiar en ti y en tu oferta.

Aquí hay algunas técnicas que he encontrado efectivas para crear una conexión emocional con los clientes y aumentar tu poder de persuasión:

Escucha activa:

Antes de intentar persuadir a un cliente, debes escuchar atentamente sus necesidades y preocupaciones. Cuando escuchas activamente, puedes comprender mejor sus puntos de dolor y ofrecer soluciones personalizadas que se adapten a sus necesidades. Esto les muestra que los valoras como individuos y que te preocupas por ayudarlos.

Comparte vivencias:

La gente ama las historias, y si puedes contar una historia que resuene con la experiencia de un cliente, puedes crear una conexión emocional poderosa. Las historias también pueden ayudar a ilustrar los beneficios de tu oferta de una manera más atractiva y memorable que simplemente enumerar las características.

Crea un ambiente relajado:

A veces, los clientes pueden estar estresados o preocupados por la compra. Crear un ambiente relajado y acogedor puede ayudar a aliviar sus preocupaciones y ponerlos en un estado de ánimo más positivo. Ofrecer una bebida o un aperitivo, tener una conversación amigable y relajada antes de comenzar la presentación puede ser útil para establecer una conexión emocional.

Haz preguntas abiertas:

Las preguntas abiertas son aquellas que requieren más que una simple respuesta de sí o no. Al hacer preguntas abiertas, les estás dando a los clientes la oportunidad de compartir más sobre sí mismos y sus necesidades. Además, esto también te permite adaptar tu presentación a sus necesidades específicas y personalizar la experiencia.

Haz que se sientan especiales:

Cuando los clientes sienten que son tratados de manera especial, es más probable que se sientan atraídos por tu oferta. Puedes hacer que se sientan especiales de diferentes maneras, como ofrecer descuentos exclusivos, un regalo o incluso una atención personalizada en el servicio postventa.

Muestra tu entusiasmo:

Si estás realmente emocionado por tu producto o servicio, esa emoción es contagiosa. Si puedes demostrar tu entusiasmo de manera auténtica, los clientes también pueden sentir esa emoción y sentirse más atraídos por lo que tienes que ofrecer.

Sé auténtico:

Finalmente, para crear una conexión emocional, es importante ser auténtico y honesto. Si los clientes sienten que eres genuino y honesto, es más probable que confíen en ti y en tu oferta.

La persuasión a través de la comunicación no verbal

La comunicación no verbal es una de las formas más poderosas de persuasión en ventas. No sólo se trata de lo que dices, sino también de cómo lo dices. Tu lenguaje corporal puede transmitir mucho más que tus palabras. Es por eso que es importante prestar atención a tus movimientos y gestos al interactuar con un cliente.

Una de las formas más efectivas de persuasión a través de la comunicación no verbal es el contacto visual. Mantener contacto visual con el cliente durante una conversación trasmite seguridad en ti mismo y en lo que estás vendiendo. Evita mirar hacia abajo o desviar la mirada, esto puede transmitir falta de interés en la conversación.

Además, la postura corporal también juega un papel importante en la persuasión. Mantén una postura segura en ti mismo. No cruces los brazos ni te encorves, esto puede transmitir una actitud defensiva y poco abierta a la conversación. Mantén los brazos abiertos y la espalda recta, esto transmite una actitud abierta.

Otro aspecto importante de la comunicación no verbal en la persuasión es el tono de voz. Habla con seguridad y firmeza, sin caer en el tono agresivo o demasiado entusiasta. Tu tono de voz debe transmitir confianza y autoridad, pero también debe ser amable y empático con el cliente. Quizás suena difícil, pero solo tienes que practicarlo.

Además de la comunicación no verbal, también es importante utilizar técnicas de persuasión verbal. Una técnica que me gusta mucho es la del "up-selling", que consiste en ofrecer al cliente un producto o servicio adicional a lo que ya está ofreciendo. Para que esta técnica sea efectiva, es importante que conozcas muy bien los productos o servicios que ofreces.

Por último, si el cliente siente que estás escuchando y entendiendo sus necesidades, será más probable que confíe en ti y en lo que estás vendiendo. Además, esto te permitirá personalizar tu enfoque de persuasión para cada cliente individual.

El uso efectivo de la historia en la persuasión de ventas

La narración de historias es una técnica antigua y poderosa que ha sido utilizada durante siglos para transmitir conocimientos, valores y emociones. Las historias tienen la capacidad de involucrar emocionalmente al receptor y de hacer que se identifique con los personajes y las situaciones descritas. Cuando se utilizan correctamente en el contexto de las ventas, las historias pueden ser una herramienta muy efectiva para persuadir a los clientes de que tu producto o servicio es la mejor opción.

¿Cómo se utiliza en las ventas? Primero, debes entender que la historia que cuentes debe estar relacionada con el problema que el cliente está tratando de resolver. Debes conocer a tu cliente para poder contar una historia que sea relevante y significativa para él.

Una vez que tienes una idea clara del cliente, puedes comenzar a construir tu historia. Aquí hay algunas pautas a seguir para crear historias efectivas en el contexto de las ventas:

Comienza con una situación en la que el cliente pueda identificarse:

La idea es que el cliente se sienta atraído por la historia desde el principio, y que pueda verse a sí mismo en la situación descrita. Por ejemplo, si estás vendiendo un seguro de vida, podrías comenzar con una historia sobre una familia que se enfrenta a dificultades financieras después de la muerte del padre.

Introduce un personaje que tenga un problema similar
al del cliente:

El personaje debe ser alguien con quien el cliente pueda identificarse, y debe estar luchando con un problema similar al que el cliente está tratando de resolver. En el ejemplo del seguro de vida, el personaje podría ser el padre de familia que falleció, y la historia podría centrarse en cómo su familia lidia con las consecuencias de su muerte.

Describe cómo el personaje resuelve su problema:

En este punto, debes describir cómo el personaje encuentra una solución a su problema. En el caso del seguro de vida, podrías hablar sobre cómo la familia del padre fallecido pudo mantener su nivel de vida gracias al dinero del seguro.

Conecta la historia con tu producto o servicio:

Por último, debes hacer la conexión entre la historia y tu producto o servicio. La clave es recordar que la historia no es el objetivo final, sino más bien un medio para persuadir al cliente. La historia debe estar cuidadosamente diseñada para ayudarte a conectar emocionalmente con el cliente y a demostrar cómo tu producto o servicio puede ayudarlo a resolver su problema.

Cómo superar el miedo al rechazo: Confianza en ventas

Identificar y superar el miedo al rechazo en ventas puede ser una tarea desafiante, pero es fundamental para tener éxito en el mundo de las ventas.

Una de las cosas que aprendí fue a no tomar el rechazo de manera personal. En lugar de verlo como un reflejo de mi propia valía, empecé a verlo como una oportunidad para aprender. Al separar mi propio valor de la respuesta del cliente, me permití ser más objetivo y enfocado en las demandas del cliente, lo que a su vez mejoró mis habilidades de venta.

Una manera que encontré útil fue el ser racional en lugar de enfocarme en el fracaso. En lugar de enfocarme en lo que podría salir mal en una venta, empecé a visualizar la conversación de manera positiva. Mi actitud y enfoque durante la venta mejoró significativamente.

Finalmente, aprendí a no tener miedo de pedir ayuda o consejo. Busqué mentores y me rodeé de personas que habían experimentado situaciones de rechazo. Esta ha sido sin duda la major manera de aprender e instruirse. Yo me beneficié de su orientación y experiencia.

A través de estos cambios y enfoques, me convertí en un vendedor con una actitud más positiva, lo que me permitió enderezar mi mente. Aprendes cómo manejarlo y convertirlo en una herramienta para mejorar tus habilidades de venta.

Si estás luchando con el miedo al rechazo en ventas, recuerda que no estás solo. Identificar y superar este miedo puede ser un proceso difícil, pero con el tiempo y la práctica, puedes aprender a manejarlo de manera efectiva y convertirlo en una ventaja.

Cómo construir tu autoconfianza en ventas

Durante el primer año, luché con la falta de autoconfianza y sentía que me impedía cerrar ventas y alcanzar mis objetivos. Pero finalmente aprendí a construir y fortalecer mi autoconfianza, y convertirlo en una ventaja.

La confianza en uno mismo es una manera sana de comunicarse. Es la capacidad de defenderse de forma honesta y respetuosa.

Lo primero que hice fue identificar mis fortalezas y debilidades en el área de ventas. Reconocí que tenía habilidades valiosas, y me centré en cómo podía mejorar en las áreas donde sentía que necesitaba más trabajo. Al centrarme en mis fortalezas, aumenté mi autoconfianza y me sentí más seguro.

También aprendí a no tener miedo de pedir feedbacks constructivos. Preguntaba a mis compañeros sobre qué podía mejorar en mi enfoque de venta, y tomaba esa información para mejorar mi habilidad de venta. Al recibir feedback constructivo y hacer cambios basados en ello, mi autoconfianza aumentó.

También aprendí a no tener miedo de tomar riesgos. A veces, eso significaba salir de mi zona de confort y probar nuevas estrategias de venta. Al tomar riesgos y ser valiente, aprendes a manejar situaciones que se presentara y esto aumenta tu autoconfianza.

Finalmente, aprendí a ser más amable y compasivo conmigo mismo. En lugar de castigarme por errores o fracasos, aprendí a aceptarlos como oportunidades para aprender y mejorar. Al ser más amable conmigo mismo, me sentía más seguro y capaz de manejar cualquier situación de ventas.

A través de estos cambios y enfoques, pude fortalecer mi autoconfianza en ventas. Me convertí en un comercial más enfocado en mis fortalezas. Y aunque la autoconfianza nunca es algo que se adquiere por completo, ahora sé cómo construirla para mejorar mis habilidades.

Si estás luchando con la falta de autoconfianza en ventas, recuerda que no estás solo. Construir y fortalecer la autoconfianza puede ser un proceso difícil, pero con el tiempo y la práctica, puedes aprender a manejarla de manera muy positiva.

Aumenta tu seguridad al presentar productos o servicios

Presentar productos o servicios puede ser un desafío para muchos vendedores, especialmente aquellos que luchan con la confianza en sí mismos. Pero hay algunas herramientas efectivas que pueden ayudarte a aumentar tu seguridad al presentar productos o servicios.

Preparación adecuada:

Antes de cualquier presentación, asegúrate de estar bien informado sobre los productos o servicios que estás presentando. Investiga todo lo que puedas sobre los beneficios, características y detalles técnicos del producto o servicio. También es importante conocer a tu público objetivo y tener una idea clara de sus necesidades y deseos. Una vez que estés bien preparado, tendrás más confianza en tu capacidad para presentar el producto o servicio de manera efectiva.

Practicar tu presentación:

Practicar frente al espejo o con un amigo puede ayudarte a sentirte más cómodo y seguro con el material de presentación. También puedes grabarte en video para evaluar tu lenguaje corporal y mejorar tu presentación.

Comunicación no verbal:

Es clave en la presentación de productos o servicios. Asegúrate de mantener un buen contacto visual con tu audiencia y mantener una postura abierta y segura. Evita cerrarte en ti mismo, cruzar los brazos o mirar hacia abajo durante la presentación.

Usa ejemplos:

En lugar de simplemente presentar características y beneficios, crea ejemplos que muestren cómo el producto o servicio puede resolver cualquier obstáculo para tus clientes potenciales. Al utilizar ejemplos, la audiencia puede conectar más fácilmente y comprender mejor su valor.

Mantener un ritmo adecuado:

Al presentar productos o servicios, es crucial tener una comunicación efectiva. Esto permite que la información se procese correctamente y que los puntos clave se destaquen de manera clara. Además, un tono amable y pausado ayuda a establecer una conexión positiva. ¡Buena comunicación es fundamental en ventas!

Pide ayuda y apoyo a tu supervisor:

¡No te cortes! Si te sientes inseguro o tienes dudas, habla con alguien que tenga más experiencia y pide consejos y retroalimentación. Aprender de los demás y ten un apoyo sólido para ayudarte a aumentar tu seguridad al presentar tu producto o servicio.

Transformando la adversidad en aprendizaje

La vida nos pone a prueba con desafíos aparentemente insuperables. Sin embargo, ¿es posible convertir la adversidad en oportunidad de aprendizaje? Absolutamente. En el mundo de la fuerza de ventas, enfrentar y superar obstáculos es parte del camino hacia el objetivo. Cada rechazo, cada contratiempo, ofrece una valiosa lección. Aprender a adaptarse, a escuchar y a comprender son habilidades fundamentales en este campo.

La adversidad no debe ser vista como un obstáculo, sino como una oportunidad para crecer y mejorar. Los vendedores resilientes y enfocados en el aprendizaje continuo están mejor equipados para sobrellevarlo y llegar a su propósito. La fuerza de ventas no se trata solo de cerrar tratos, sino de aprender y evolucionar constantemente. Al abrazar la adversidad, convertimos los desafíos en escalones hacia la meta.

Ejercicios para vencer la timidez en el proceso de venta

Vender es una actividad que implica habilidades sociales, y aunque muchas personas se sienten cómodas y seguras en situaciones sociales, cuando se trata de vender, la timidez surge. Sé lo difícil que puede ser enfrentar la timidez al vender, porque yo también lo he experimentado. Sin embargo, he descubierto algunos ejercicios prácticos que me han ayudado a vencer mi timidez en el proceso de venta.

El primer ejercicio práctico que te sugiero es el de practicar frente a un espejo. Puedes simular una situación de venta y practicar la forma en que te presentas, cómo hablas y cómo te mueves. Ver tu reflejo te ayudará a sentirte más cómodo al hablar de tu producto o servicio y a conocer mejor tu lenguaje corporal. Observa tus gestos, tu postura, la velocidad y el tono de tu voz, y corrige aquellas cosas que no te gusten o que no se ajusten a lo que quieres transmitir.

El segundo ejercicio práctico es salir a la calle y hablar con extraños. Esta actividad puede ser intimidante al principio, pero puede ser muy útil para superar la timidez al vender. Sal y habla con personas en tu comunidad o cuando te vayas de viaje, pregúntales sobre sus necesidades y explícales cómo algo que llevas puede ayudarles. Esto es incómodo jaja pero te ayudará a aprender a leer mejor las respuestas de las personas.

El tercer ejercicio práctico que te propongo es utilizar herramientas digitales para practicar. Utiliza plataformas en línea para practicar habilidades de venta, como la negociación, el cierre de ventas y la resolución de objeciones. Estas herramientas te permiten practicar en un entorno cómodo.

Por último, mantenerse en buena forma física proporciona más energía y resistencia para enfrentar el día a día en ventas, que a menudo puede ser exigente y requiere un alto nivel de actividad. El ejercicio libera endorfinas, conocidas como las "hormonas de la felicidad". Esto ayuda a reducir el estrés, que es común en trabajos de ventas donde se enfrentan a presiones constantes.

Cómo manejar el estrés en situaciones de ventas

El estrés es una emoción muy común que experimentan muchos comerciales sobre todo en sus primeros pasos. La presión por alcanzar los objetivos puede ser abrumadora, pero es importante saber cómo manejar estas emociones para poder desempeñarse de manera efectiva.

A lo largo de mi desempeño en el campo de ventas, aprendí que el manejo del estrés es crucial para mantener una actitud positiva y enfocada en el logro de metas. A veces, las cosas simplemente no salen como las planeamos y eso está bien. Sí, escuchaste bien. ¡Eso está bien! Al aceptar que no todo seguirá nuestro guion liberamos espacio para la creatividad. La vida se presenta tan subrealista como las obras del pintor ruso Marc Chagall. Aunque intentemos planificar y controlar cada aspecto de nuestras acciones, es verdad que, las circunstancias pueden tomar giros inesperados. Las situaciones a veces escapan a nuestras expectativas y no salen como las planeamos. En esos momentos, en lugar de sentirme frustrado por lo que se escapa de mi control, me enfoco en lo que sí puedo controlar. Mi actitud se convierte en la mejor herramienta que me permite enfrentar situaciones difíciles con adaptabilidad.

Otra técnica que he encontrado útil es la visualización. Antes de una situación de ventas importante, me tomo un momento para visualizar el escenario y pensar en cómo me gustaría que se desarrollara. Me imagino a mí mismo siendo confiado, tranquilo y capaz de manejar cualquier obstáculo que se presente. Esta técnica me ayuda a sentirme más seguro y preparado para lo que pueda venir.

Finalmente, una de las herramientas más importantes para manejar el estrés y la ansiedad en situaciones de ventas es la planificación. Cuando tengo una entrevista importante, me tomo el tiempo para prepararme y planificar con anticipación. Esto me ayuda a sentirme más seguro en mi capacidad para manejar la situación y a reducir la ansiedad que pueda sentir.

La importancia de la autoevaluación profesional en ventas

En el mundo de las ventas, es fácil perderse en la emoción del cierre o en la satisfacción de superar una meta, sin embargo, es importante no perder de vista la importancia de la autoevaluación en nuestro crecimiento personal y profesional.

Desde que comencé a trabajar en ventas, he aprendido que la autoevaluación es una herramienta poderosa para mejorar nuestras habilidades. Es importante tomar un momento para reflexionar sobre nuestros éxitos y fracasos, nuestras fortalezas y debilidades, y cómo podemos mejorarlas.

La autoevaluación nos permite identificar áreas donde necesitamos mejorar, ya sea en nuestra técnica de ventas, nuestro conocimiento del producto o servicio que ofrecemos, o nuestra capacidad para conectarnos con nuestros clientes.

Además de identificar nuestras habilidades y debilidades, la autoevaluación también nos permite examinar nuestro comportamiento y actitudes en el proceso de venta. ¿Somos corteses y respetuosos con nuestros clientes? ¿Nos tomamos el tiempo de escuchar y entender sus necesidades y preocupaciones? ¿Somos pacientes y persistentes en nuestra búsqueda por cerrar una venta?

Una forma de realizar una autoevaluación efectiva es pedir retroalimentación de los clientes, compañeros de trabajo o incluso de un supervisor. ¡Es muy importante estar abiertos a las críticas constructivas!

Otro aspecto clave de la autoevaluación es la reflexión sobre nuestro desarrollo profesional. ¿Estamos tomando cursos o asistiendo a eventos para mejorar nuestras habilidades de ventas? ¿Estamos manteniendo una mentalidad abierta al aprendizaje?

En mi experiencia, la autoevaluación ha sido fundamental en mi crecimiento personal y sobre todo profesional. También he sido capaz de identificar patrones en mis ventas y ajustar mi estrategia en consecuencia. La retroalimentación de mis clientes y compañeros de trabajo ha sido invaluable en mi crecimiento como Asesor Comercial.

Descubriendo tu potencial a través de técnicas

Uno de los requisitos fundamentales de las técnicas es la destreza. La enseñanza de una técnica conlleva a que cada persona la adapte a su forma de trabajo, sus requisitos o necesidades específicas, permitiendo incluso su mejora y el surgimiento de técnicas más avanzadas a partir de la aplicación creativa de la original.

Las necesidades humanas han sido un motor para el desarrollo de diversas técnicas, ya sea para resolver problemas, agilizar procesos laborales o para reducir tiempos, lo cual implica modificar el entorno. Históricamente, una técnica surge de la identificación de un problema, y la creatividad nos lleva a materializar una idea que consideramos puede resolverlo, generalmente a través de métodos empíricos.

Cuando nos referimos a las técnicas de ventas, nos adentramos en la esencia misma de la venta, que varía no solo según el producto, sino también según el cliente.

Tú propio camino

He de subrayar que no todos los Asesores Comerciales pueden vender cualquier producto. Eso, además de ser una afirmación falsa, sería un acto de arrogancia por parte del profesional de ventas. La diversidad de productos requiere habilidades específicas y conocimientos particulares para abordar con éxito cada situación.

Es importante reconocer la humildad en el mundo de las ventas y entender que cada producto tiene su propio conjunto de desafíos y requisitos específicos. La adaptabilidad y la capacidad de aprendizaje constante son esenciales para sobresalir en este campo. Los mejores Asesores Comerciales son aquellos que reconocen sus limitaciones, buscan mejorar sus habilidades y se esfuerzan por comprender a fondo los productos que ofrecen. No obstante, es fundamental destacar que, si no te sientes convencido o a gusto con el producto, si percibes que no es adecuado para ti y no encuentras forma de conectar con él, lo mejor es dejarlo. Yo he atravesado esa situación varias veces. Es un golpe, lo entiendo. Pero en la vida, las cosas no siempre salen como queremos.

Cambiarse a la venta de otro tipo de producto no solo es la mejor idea, sino que es la elección más acertada. La vida es demasiado corta para hacer cosas que no te gustan por dinero. No hay nada de malo en reconocer cuando un producto o servicio no resuena contigo y tomar la decisión de cambiar de rumbo. En realidad, elegir vender algo que te apasione y en lo que creas es la opción más beneficiosa que puedes tomar. Si careces de esa motivación, comenzarás a interactuar de manera diferente con los clientes, no respaldarás la marca con la misma intensidad, te verás tentado a llegar tarde a los compromisos y, te aseguro que, prestaras 0 o poca atención a las formaciones o reuniones.

Esta falta de conexión con lo que haces no solo afecta tu desempeño laboral, sino también tu bienestar general. Encontrar un campo que te inspire y motive es clave para mantenerte comprometido y brindar un servicio de calidad. Tomar la decisión de vender algo que realmente te entusiasma puede marcar una gran diferencia en tu satisfacción personal y profesional. No tengas miedo de explorar nuevas oportunidades y ajustar tu camino según lo que te apasione verdaderamente.

Productos Tangibles e Intangibles

Me gusta esta distinción porque resulta útil al tomar decisiones sobre el camino que pretendes seguir. Aunque la variedad de productos y servicios es amplia y puede clasificarse de diversas maneras, la categorización en dos grupos, tangibles e intangibles, representa una forma simplificada de entenderlo.

Los productos tangibles tienen la ventaja de ser palpables, lo que significa que los clientes pueden interactuar físicamente con ellos antes de realizar una compra. Esto permite a los consumidores evaluar la calidad, el diseño y la utilidad de manera directa. En la venta de productos tangibles, la comunicación debe centrarse en resaltar las características tangibles que hacen que el producto sea atractivo para el cliente. Estrategias como demostraciones en vivo, muestras gratuitas y exhibiciones visuales pueden ser herramientas poderosas para transmitir el valor de un producto tangible.

Por otro lado, la venta de productos intangibles demanda un enfoque diferente. Los servicios y derechos no pueden ser tocados ni probados de la misma manera que un producto físico. Aquí, la comunicación juega un papel crucial en la creación de una experiencia que permita a los clientes entender y apreciar el valor intangible ofrecido. En lugar de resaltar características físicas, la atención se centra en los beneficios, resultados y emociones que el cliente experimentará al adquirir el servicio o derecho en cuestión.

Dicho esto, la fuerza de ventas, en ambos casos, se convierte en el nexo entre el producto y el cliente. En el caso de productos tangibles, los vendedores deben estar familiarizados con los detalles técnicos del producto, ser capaces de responder preguntas específicas y guiar a los clientes a través de la experiencia de compra. La habilidad para comunicar de manera efectiva las características tangibles del producto es esencial para construir la confianza del cliente.

En la venta de productos intangibles, la fuerza de ventas se convierte en narradores hábiles, capaces de pintar un cuadro vívido de los beneficios que el cliente obtendrá al optar por el servicio o derecho ofrecido. La empatía y la capacidad de entender las necesidades individuales del cliente son aún más cruciales en este contexto. La construcción de relaciones sólidas y la transmisión de confianza son fundamentales, ya que los clientes basarán su decisión de compra en la credibilidad percibida del vendedor y en la promesa de resultados intangibles.

Aunque la distinción entre tangibles e intangibles es valiosa, también es esencial reconocer que la realidad de las ventas rara vez se limita a esta dicotomía. Muchos productos y servicios pueden poseer elementos tanto tangibles como intangibles. Por ejemplo, un paquete de software puede tener una forma física tangible (como un CD), pero su verdadero valor radica en las funcionalidades y servicios intangibles que ofrece.

El Asesor Comercial:
Pilar de la comunicación en la fuerza de ventas

"El Asesor Comercial es el narrador que entrelaza historias, convirtiendo la comunicación en ventas"

Hablemos de mi profesión ya que me encanta hablar de ello. ¿Por qué se dice que la profesión del comercial está mal vista? ¿qué es y cuáles son sus funciones? La profesión comercial a menudo ha sido y sigue siendo objeto de estigma social, en parte debido a algunos individuos que han actuado de manera éticamente cuestionable en el pasado. Sin embargo, es importante destacar que esta situación no es exclusiva de los comerciales. En diversas profesiones, como la política, la medicina e incluso el periodismo, también se han registrado casos de conducta poco ética.

En realidad, juzgar a toda una profesión por las acciones de unos pocos no es justo ni preciso. Los comerciales juegan un papel esencial en la economía, facilitando la interacción entre empresas y consumidores. Cuando se ejerce de manera ética y profesional, este oficio puede ser un motor increíble.

Sin embargo, tal y como comentaba, es innegable que la profesión de comercial no goza de una percepción positiva en el ámbito social, por lo menos en mi país. Incluso hoy, al buscar anuncios de empleo para "Asesores Comerciales", se disfraza el término con expresiones como "Ejecutivo de Cuentas", "Agente de Asesoramiento", "Desarrollador de Negocios" y otras denominaciones que intentan eludir lo que realmente se ofrece: un cargo como Asesor Comercial.

Esta situación se origina en la creencia de que ser vendedor implica carecer de habilidades para desempeñar roles más destacados. La noción de que para alcanzar el éxito es necesario ser arquitecto, médico o abogado ha arraigado profundamente en nuestra sociedad a lo largo de los años. Cabe señalar que, mi paso por la Universidad no fue casual, sino una decisión guiada por mi pasión por este gratificante oficio. Para mí, el ámbito de la venta representa transmitir y convencer de que una idea, un servicio o un producto es, en ese momento, la mejor opción que una institución, empresa o individuo con intención de compra puede adquirir. Para alcanzar este punto, queridos amigos, es necesario contar con una preparación, ya sea obtenida a través del esfuerzo y la experiencia que la vida nos brinda, o a través de estudios. Y ya cuando combinamos ambos roles, nos convertimos en vendedores excepcionales ¡Jeje!

Afortunadamente, todos nosotros que nos dedicamos a este apasionante mundo de persuadir a terceros, incluyendo a ti que me lees, hemos contribuido a cambiar la percepción que la sociedad tiene sobre la profesión del Asesor Comercial.

La frase provocadora de Salvador Dalí, "La razón de que algunos retratos no se vean fieles a la realidad es que algunas personas no hacen ningún esfuerzo para parecerse a sus imágenes", adquiere una relevancia singular. En este contexto, los Asesores Comerciales, al dedicarse a persuadir y cambiar percepciones, se convierten en los artistas que desafían la realidad convencional. En este sentido, la visión de Salvador Dalí converge para demostrar que la autenticidad y el esfuerzo consciente son esenciales para que los retratos, ya sean comerciales o personales, se asemejen a la realidad que aspiramos construir.

Por ello, quiero recalcar que, un Asesor Comercial es, sin duda, más que un vendedor convencional. Veamos qué implica ser un Asesor Comercial y cómo la comunicación se convierte en su herramienta más valiosa.

La esencia del Asesor Comercial:

Un Asesor Comercial es un profesional especializado en la venta de productos o servicios de una empresa. Sin embargo, su rol va más allá de la transacción; implica la construcción de relaciones sólidas y la satisfacción de las necesidades del cliente de manera ética.

Comunicación como pilar fundamental:

La comunicación es el corazón del trabajo de un Asesor Comercial. Implica la habilidad de escuchar atentamente las necesidades del cliente y responder con información relevante y soluciones adecuadas. Una comunicación presencial y efectiva establece la mejor base de confianza y credibilidad en el cliente.

Empatía:

Un buen Asesor Comercial no solo habla, sino que escucha con empatía. Entender las necesidades y deseos del cliente es esencial para ofrecer soluciones que realmente agreguen valor. Esta habilidad no solo conduce a ventas exitosas, sino que también sienta las bases para relaciones duraderas.

Personalización del mensaje:

El Asesor Comercial eficaz adapta su comunicación para abordar las preocupaciones específicas de cada cliente. Al personalizar el mensaje, se crea un sentido de atención resuena profundamente.

Claridad y profesionalidad:

La comunicación en ventas requiere una claridad absoluta. Los clientes necesitan comprender completamente lo que se les ofrece. Un buen Asesor Comercial evita la jerga complicada y explica las características y beneficios de manera profesional, accesible y transparente.

Persuasión ética:

La persuasión es una herramienta poderosa, pero debe emplearse con ética. Un buen Asesor Comercial utiliza argumentos lógicos y emocionales para mostrar cómo el producto o servicio puede mejorar la vida del cliente.

Una profesión de oportunidades

La profesión es muy enriquecedora en términos de aprendizaje. Te brinda la oportunidad de adquirir conocimientos sobre una amplia variedad de productos o servicios, así como sobre diferentes industrias y mercados. Además, te permite desarrollar habilidades de comunicación, negociación, resolución de problemas y empatía, entre muchas otras, que son valiosas no solo en el ámbito laboral, sino también en la vida cotidiana.

Uno de los aspectos más fascinantes de esta profesión es la constante exposición a un universo de productos y servicios. Desde tecnología de vanguardia hasta soluciones de bienestar, un Asesor Comercial tiene el privilegio de adentrarse en distintos sectores. Este contacto directo con la diversidad de ofertas en el mercado no solo enriquece el bagaje de conocimientos, sino que también permite comprender a profundidad las necesidades y demandas de los consumidores.

Además de la especialización en productos y servicios, la profesión de Asesor Comercial es una escuela de habilidades interpersonales y profesionales. La comunicación efectiva se erige como pilar fundamental en la relación con los clientes. Saber escuchar activamente, expresar ideas de forma clara y persuasiva, y adaptar el mensaje a la audiencia son destrezas esenciales que se cultivan en este ámbito. Asimismo, la capacidad de negociación se vuelve una herramienta valiosa, al buscar soluciones que satisfagan tanto las necesidades del cliente como los objetivos de la empresa.

El desafío constante de entender y atender las necesidades del cliente también potencia habilidades de resolución de problemas. Cada cliente es único, y su situación demanda soluciones personalizadas. Esto fomenta la creatividad y la capacidad analítica del Asesor Comercial, quien debe ser capaz de identificar oportunidades y proponer soluciones que agreguen valor.

Valor personal

He de decir que, la profesión de Asesor Comercial también tiene un impacto positivo en la vida personal. Al interactuar con una amplia variedad de clientes, se desarrolla una capacidad de empatía y comprensión.

Esta habilidad para entender a las personas se traslada de manera natural al ámbito personal. Mejorar el trato con amigos, familiares y seres queridos se convierte en una consecuencia positiva de esta profesión. La comunicación se vuelve más efectiva, la resolución de conflictos se facilita y se fortalecen las relaciones interpersonales.

Además, al comprender las diferentes perspectivas y necesidades de los demás, el Asesor Comercial puede crear un ambiente de apoyo y comprensión en su entorno personal. Esto contribuye significativamente a una vida más enriquecedora y satisfactoria.

La retribución económica del Asesor Comercial: más que un sueldo

El rol de Asesor Comercial no solo implica vender productos o servicios, sino que también ofrece oportunidades sustanciales de retribución económica. Más allá del salario base, los asesores comerciales tienen acceso a una serie de incentivos que pueden convertir esta profesión en una fuente significativa de ingresos.

Una de las formas más comunes de retribución adicional en ventas es a través de comisiones. Las comisiones permiten a los asesores comerciales ganar un porcentaje del valor de las ventas que realizan. Este sistema de retribución proporciona un incentivo adicional para cerrar acuerdos y alcanzar objetivos de ventas. Cuanto más venden, mayores son sus ganancias.

Además de las comisiones, muchas empresas ofrecen bonificaciones por el logro de ciertos objetivos. Estas bonificaciones pueden estar relacionadas con el volumen de ventas, la consecución de metas mensuales o anuales, o la adquisición de nuevos clientes. Son una forma efectiva de reconocer y recompensar el desempeño excepcional.

En algunos casos, los Asesores Comerciales también pueden tener acceso a programas de incentivos no monetarios. Estos pueden incluir premios, viajes o regalos relacionados con el rendimiento en ventas. Estos incentivos añaden un elemento de competencia sana y motivación al rol.

Es importante destacar que el potencial de retribución en ventas no tiene un límite predeterminado. A diferencia de algunas profesiones donde los incrementos salariales están sujetos a escalas fijas, en ventas, el rendimiento excepcional puede conducir a ganancias sustanciales. Los asesores comerciales exitosos tienen la capacidad de aumentar significativamente sus ingresos a medida que desarrollan sus habilidades y expanden su cartera de clientes.

Por supuesto, para aprovechar al máximo estas oportunidades de retribución, es esencial ser un vendedor efectivo. Esto implica conocer profundamente los productos o servicios que se están vendiendo, comprender las necesidades de los clientes y ser hábil en la construcción de relaciones.

Habilidades de resiliencia

"La resiliencia es el mapa que guía a los
vendedores a través de los momentos difíciles"

La resiliencia ha sido un tema recurrente en mi trascurso en ventas. A lo largo del tiempo, he aprendido que, para alcanzar un objetivo en ventas, se necesita una dosis importante de perseverancia, resistencia y capacidad de recuperación.

La resiliencia es clave en ventas porque el camino hacia el objetivo nunca es fácil. Las ventas pueden ser un mundo competitivo y desafiante, donde los rechazos y los obstáculos son moneda corriente. Por eso, tener la capacidad de recuperarse de las dificultades y seguir adelante es fundamental para lograr llegar a la meta en ventas.

En mi experiencia en ventas, he enfrentado muchos momentos difíciles. He recibido muchos, pero que muchos "noes" y he tenido que entablar con personas que no me gustaría tener que volver a ver. Pero siempre he encontrado la forma de seguir adelante, gracias a mi capacidad de resiliencia.

Para mí, la resiliencia no es solo la capacidad de superar los obstáculos, sino también la habilidad de encontrar oportunidades en los desafíos. Cuando me enfrento a un obstáculo en ventas, me detengo, reflexiono y busco maneras creativas de superarlo. He aprendido a ver cada obstáculo como una oportunidad para crecer y mejorar.

Para ser resiliente en ventas tienes que tener una mentalidad positiva y enfocada en los objetivos. Cuando las cosas se ponen difíciles, es fácil caer en el pesimismo y la frustración. Pero en vez de dejarme vencer por los obstáculos, me enfoco en lo que puedo hacer para alcanzar mis metas.

Por supuesto, la resiliencia no es algo que se tenga de forma innata. Es una habilidad que se puede desarrollar con el tiempo y la práctica. En mi caso, he trabajado duro para cultivar mi resiliencia en la fuerza de ventas.

Cuando las cosas se ponen difíciles, es fácil perder la perspectiva y pensar que todo está mal. Pero recuerda, que la vida es una constante transformación, y en cada cambio y desafío yace una oportunidad para crecer.

Desarrollar habilidades de resiliencia y enfrentar desafíos en ventas

Las ventas pueden ser un mundo desafiante y competitivo, donde los rechazos son moneda corriente. Pero para tener éxito en ventas, es importante desarrollar habilidades de resiliencia que permitan a los vendedores enfrentar los desafíos con confianza.

En mi experiencia, he aprendido que la resiliencia no es solo la capacidad de superar los obstáculos, sino también la habilidad de encontrar oportunidades en los desafíos. Cuando me enfrento a un obstáculo en ventas, me detengo, reflexiono y busco maneras creativas de superarlo. He aprendido a ver cada obstáculo como una oportunidad para mejorar.

A continuación, te presento mis cuatro estrategias favoritas para desarrollar habilidades de resiliencia en ventas:

1. Mantener una mentalidad proactiva: Es necesario recordar que los desafíos son temporales y que siempre se puede encontrar una solución.

2. Determinación: Es importante establecer metas que sean alcanzables pero que también impliquen un desafío para motivarse a trabajar más duro.

3. Aprender de los errores: Cada error es una oportunidad para reflexionar y encontrar maneras de mejorar y evitar cometer el mismo error en el futuro.

4. Cultivar la flexibilidad: Esto implica estar dispuestos a cambiar de enfoque cuando algo no está funcionando y probar nuevas estrategias para lograr los objetivos.

La resiliencia en la era digital: Cómo adaptarse

La era digital ha traído consigo un cambio radical en la forma en que los asesores comerciales llevan a cabo su trabajo. Con el auge de la tecnología, los asesores comerciales deben encontrar nuevas formas de conectarse con los clientes y ofrecerles un servicio personalizado y de calidad.

Sin embargo, con el cambio viene la incertidumbre y la necesidad de adaptarse a nuevas tecnologías y procesos, lo que puede resultar estresante. Es aquí donde la resiliencia juega un papel clave en el éxito de un Asesor Comercial.

La resiliencia se define como la capacidad de recuperarse rápidamente de la adversidad y adaptarse a nuevas situaciones. En el mundo de las ventas, la resiliencia puede marcar la diferencia entre el éxito y el fracaso. Ser capaz de recuperarse y seguir adelante con confianza es fundamental para mantenerse motivado en los objetivos a largo plazo.

Para desarrollar la resiliencia en la era digital, es importante abrazar el cambio y estar dispuesto a aprender nuevas habilidades y tecnologías. Esto significa estar al tanto de las últimas tendencias en el mercado y estar dispuesto a adaptarse a ellas. Punto.

Otra forma de desarrollar la resiliencia es cultivar la autoestima. La autoestima se refiere a la percepción que una persona tiene de sí misma, y puede influir en su capacidad para enfrentar los desafíos. Si un Asesor Comercial tiene una autoestima sólida, será más capaz de enfrentar situaciones difíciles.

Para aumentar la autoestima, es importante recordar los éxitos pasados y celebrar los logros. También es importante rodearse de personas positivas.

Además, es importante desarrollar una mentalidad de crecimiento en lugar de una mentalidad fija. Una mentalidad de crecimiento se enfoca en la capacidad de aprendizaje y mejora constante, mientras que una mentalidad fija se enfoca en las habilidades y limitaciones actuales. Al cultivar una mentalidad de crecimiento, los asesores comerciales pueden estar más abiertos a nuevas ideas y oportunidades, lo que puede ayudar a aumentar su resiliencia y adaptabilidad.

Por último, es importante cuidar la salud mental y física. La ansiedad puede afectar negativamente la capacidad de un Asesor Comercial para enfrentar los desafíos de manera efectiva. Por lo tanto, es importante dedicar tiempo a actividades de cuidado personal, como el ejercicio, la meditación o el tiempo de calidad con amigos y familiares.

Comunicación de Alto Impacto
en ventas

"La comunicación de alto impacto en ventas envuelve,
persuade y deja huella"

En cualquier ámbito empresarial y en todas las esferas industriales hay dos elementos esenciales para lograr el éxito y mantenerlo en el tiempo: La comunicación y la venta.

Desde mi perspectiva, estos dos componentes son fundamentales ya que la venta no puede ocurrir sin una comunicación efectiva, y tampoco es posible comunicarse sin la intención de vender. Todos nosotros estamos brindando un servicio a alguien en una o más áreas de nuestra vida a diario.

¿Qué entendemos por comunicar?

Si buscamos esta palabra en Google, encontramos que su definición inicial es "hacer saber algo a una persona", o en la RAE, "transmisión de señales mediante un código común al emisor y al receptor.". Ya sea de manera verbal o a través de gestos y expresiones, todos estamos constantemente comunicando mensajes. Como profesionales de la venta, nuestro objetivo es que nuestros mensajes lleguen de manera clara, simple y eficaz. Se ha demostrado que una de las formas más efectivas de vender es enfrentarse a un grupo de personas y presentar nuestro mensaje. Esto es precisamente de lo que vamos a tartar.

La ejecución:

Vender no es una casualidad, sino un proceso que comienza con la intención y se extiende como un boomerang a lo largo del público, ya que siempre regresa a nosotros. Si nuestra única preocupación son los resultados financieros, ¿en qué crees que se enfocará nuestra mente? Efectivamente, en la ganancia que podemos obtener de esas personas. ¿Alguna vez has sentido que un vendedor solo está interesado en cerrar la venta para su propio beneficio? Las personas pueden percibir nuestras intenciones y decidir alejarse o acercarse a nosotros. Existen dos perspectivas: ganar pasta o que la pasta llegue como resultado.

Por defecto, la mayoría se concentra en los resultados, y esta es la razón por la que la venta puede resultar un desafío para muchos. Raramente escuchamos a alguien decir que ama vender, y aquellos que lo hacen, generalmente disfrutan de un estilo de vida al que muchos aspiran. Como bien dijo Einstein: "La locura es hacer lo mismo una y otra vez esperando obtener resultados diferentes".

Aunque existen muchas teorías sobre las personalidades en Internet, he sintetizado estas teorías en cuatro tipos predominantes, presentándolas de manera que se puedan entender fácilmente y aplicarlas con facilidad. Cuando hablo de los sentidos, me refiero a que, aunque disfrutemos de los cinco sentidos, la mayoría de la comunicación se realiza de manera visual, auditiva o sensorial. Es posible identificar la personalidad y preferencias de una persona a través de las palabras y gestos que emplea.

El entrenamiento:

No es necesario ser un genio para comprender que, si deseamos mejorar nuestras ventas día tras día, debemos alcanzar a un público más amplio continuamente.

Uno de los problemas más comunes que observo entre los vendedores es que tienden a limitarse. Por ejemplo, utilizan el mismo guion de ventas con diez personas y logran una sola venta, sin cuestionarse qué llevó a esa persona a tomar esa decisión o cómo pueden mejorar su enfoque. En el arte de vender, nunca se puede practicar demasiado, ya que cada individuo es único y requiere un enfoque distinto.

Conversación presencial:

La mayoría de las veces, cuando estamos por realizar una venta, tenemos conocimientos de la persona con la que estamos reunidos. Esto nos otorga una ventaja significativa, ya que aprovechamos el tiempo para descubrir qué tipo de personalidad es y cuál de sus sentidos es el que más influye en sus decisiones. Nuestro objetivo es obtener respuestas a preguntas como: ¿cuál es su ocupación?, ¿cuáles son sus intereses?, ¿qué le agrada y qué le desagrada? y ¿qué trabajo desempeña?

Con esta información en mente, podemos categorizar a la persona en un perfil de personalidad, que nos ayudará a determinar cuál de sus sentidos es el más influyente. A partir de allí, creamos un guion exclusivo que se adapte a esa persona, lo que aumenta considerablemente nuestras posibilidades de éxito en la venta. Durante el encuentro cara a cara, simplemente hacemos preguntas y escuchamos atentamente para confirmar su personalidad y preferencias sensoriales, lo que nos permitirá realizar la venta de manera más efectiva.

Es importante destacar que no se trata de forzar la venta de algo que el cliente no necesita, sino de perfeccionar el arte de la comunicación para establecer una conexión más fluida entre ambas partes.

Clientes potenciales B2C

*"Los clientes potenciales B2C no solo representan ventas,
sino oportunidades"*

En el modelo de negocio B2C "business to consumer" (empresa a consumidor), el Asesor Comercial desempeña un papel crucial en la interacción directa con los consumidores en respaldar la marca. En este contexto implica construir una imagen positiva, generar confianza y ofrecer una experiencia satisfactoria para fomentar lealtad. Sin embargo, la importancia de este papel puede variar según la industria y el tipo de productos o servicios que ofrezca la empresa.

Construcción de relaciones:

Los Asesores Comerciales pueden ayudar a construir relaciones sólidas con los clientes al proporcionar un punto de contacto humano. Esto es especialmente importante en productos o servicios que requieren un nivel significativo de confianza o asesoramiento, como por ejemplo, productos de alta implicación.

Asesoramiento personalizado:

Los Asesores Comerciales pueden ofrecer asesoramiento personalizado y adaptado a las necesidades específicas de cada cliente. Esto puede ser crucial para productos o servicios que tienen opciones y características variadas, ya que los consumidores pueden beneficiarse de la orientación experta para tomar decisiones informadas.

Resolución de problemas:

En situaciones donde los clientes tienen problemas o preguntas, un Asesor Comercial puede desempeñar un papel clave en la resolución de problemas. La capacidad de abordar rápidamente inquietudes o preguntas puede mejorar la satisfacción del cliente.

Ventas adicionales:

Los Asesores Comerciales bien capacitados pueden identificar oportunidades para ventas adicionales o cruzadas durante la interacción con los clientes. Esto puede aumentar el valor de cada transacción y fortalecer la relación a largo plazo.

Retroalimentación del cliente:

Los Asesores Comerciales también pueden ser una fuente valiosa de retroalimentación del cliente. Al estar en contacto directo con los consumidores, pueden recopilar comentarios, sugerencias y preocupaciones que pueden ser utilizados para mejorar productos, servicios o procesos.

Experiencia del cliente:

La calidad de la interacción con el Asesor Comercial contribuye significativamente a la experiencia general del cliente. Una experiencia positiva puede generar lealtad y recomendaciones, mientras que una experiencia negativa puede tener el efecto contrario.

Uno de los elementos clave de ventas es conocer profundamente a tu público objetivo. No se trata solamente de saber su edad, género o ubicación geográfica, sino de entender cuáles son sus necesidades, deseos, intereses y motivaciones. Cuando comprendes realmente a tus clientes potenciales B2C, puedes crear mensajes y ofertas que resuenen con ellos de manera más efectiva, generando un mayor interés y compromiso en la compra de tus productos o servicios.

Para empezar a conocer a tu público, es necesario hacer un análisis detallado de los datos que tienes a tu disposición. Las herramientas de análisis de mercado y los informes de ventas pueden darte una idea clara de quiénes son tus clientes potenciales B2C, sus patrones de comportamiento, sus necesidades y sus preferencias. Además, es importante que te pongas en su lugar, que pienses y sientas como ellos para poder entender realmente sus inquietudes y deseos.

Otra forma efectiva de conocer a tu público objetivo es a través de la creación de buyer personas, perfiles ficticios que representan a tus clientes potenciales ideales. Para ello, es necesario recolectar información detallada sobre ellos, como su edad, género, nivel socioeconómico, hobbies, intereses, entre otros aspectos. A partir de esta información, puedes crear perfiles detallados que te ayuden a entender cómo piensan, qué les preocupa y qué les motiva a comprar.

Una vez que conoces a tu público objetivo, es importante que puedas ofrecerles soluciones que resuelvan sus necesidades y deseos de manera efectiva. Para ello, debes crear mensajes y ofertas que generen una conexión emocional con ellos, que les hagan sentir que tus productos o servicios son la mejor opción para resolver sus problemas o satisfacer sus necesidades. Es importante que tus mensajes sean claros, directos y concisos, y que estén enfocados en los beneficios que pueden obtener al adquirir tus productos o servicios.

Otro aspecto por considerar es la personalización de tus mensajes y ofertas. Cada cliente potencial B2C es diferente, y, por lo tanto, es necesario adaptar tus mensajes y ofertas a sus necesidades y preferencias específicas. La personalización no solo genera una mayor conexión emocional con tus clientes potenciales, sino que también puede mejorar la tasa de conversión y la fidelización de los clientes.

Delimitando tu mercado: Clientes potenciales B2C

La segmentación de clientes potenciales B2C es un proceso clave para llegar a tu público objetivo y maximizar tus esfuerzos de ventas. No todos los clientes potenciales tienen los mismos intereses, y segmentarlos en grupos homogéneos no nos permite adaptar nuestras estrategias de ventas y mensajes a cada grupo de manera más efectiva. Es un error que se comete fácilmente.

Para empezar, es necesario definir los criterios de segmentación. En el ámbito B2C, los criterios más comunes son la demografía, los intereses, los comportamientos de compra y los valores del cliente. Por ejemplo, si vendes productos de belleza, puedes segmentar a tus clientes potenciales por edad, género, tipo de piel, intereses en el cuidado personal, entre otros criterios.

Una vez que tienes definidos los criterios de segmentación, es importante recolectar la información necesaria sobre tus clientes potenciales para poder segmentarlos de manera efectiva. Las herramientas de análisis de mercado y las bases de datos de clientes son recursos valiosos para recolectar esta información. También puedes utilizar encuestas o entrevistas para obtener información más detallada sobre tus clientes potenciales.

Una vez que tienes la información necesaria, es hora de segmentar a tus clientes potenciales en grupos homogéneos. Cada grupo debe tener características similares en términos de necesidades, intereses y comportamientos de compra. A partir de esto, puedes crear mensajes y ofertas personalizadas para cada grupo, que les resuenen de manera efectiva y generen una mayor conexión emocional.

La segmentación de clientes potenciales B2C no solo te permite personalizar tus mensajes y ofertas, sino que también te ayuda a enfocar tus esfuerzos de ventas en los grupos de clientes potenciales con mayor potencial de conversión. Al identificar los grupos con mayor potencial de compra, puedes enfocar tus recursos y esfuerzos de ventas en ellos de manera más efectiva, lo que puede generar mayores tasas de conversión y mayores ingresos.

Además, la segmentación de clientes potenciales B2C también te permite identificar oportunidades de crecimiento en nuevos mercados o nichos de mercado. Al segmentar tus clientes potenciales de manera efectiva, puedes identificar nuevos grupos de clientes con necesidades y preferencias similares a los grupos que ya atiendes. Esto te permite expandir tu base de clientes potenciales y aumentar tus ingresos a largo plazo.

Psicología del consumidor B2C

La psicología del consumidor es un campo de estudio fascinante que se enfoca en cómo los consumidores procesan y responden a la información y los estímulos relacionados con los productos o servicios que se les ofrecen. Comprender la psicología del consumidor puede ser un diferencial clave para las estrategias de marketing y fuerzas de venta B2C.

Para comenzar, es importante conocer los procesos de decisión del consumidor. El proceso de decisión se refiere a las etapas que sigue un consumidor desde que se da cuenta de una necesidad hasta que realiza la compra. Este proceso consta de cinco etapas: reconocimiento de la necesidad, búsqueda de información, evaluación de alternativas, decisión de compra y evaluación post-compra. Cada una de estas etapas puede influir en el comportamiento del consumidor y en sus decisiones de compra.

Otro aspecto importante es la motivación del consumidor. Las motivaciones de compra pueden ser variadas, como la necesidad de satisfacer una necesidad básica, el deseo de pertenencia a un grupo social o la búsqueda de autoestima. Comprender las motivaciones detrás de la compra de un consumidor puede ayudarte a desarrollar estrategias de marketing y fuerzas de venta B2C más efectivas y personalizadas.

La percepción es otro factor clave en la psicología del consumidor. La percepción se refiere a cómo los consumidores interpretan y dan sentido a la información que reciben. La percepción puede estar influenciada por muchos factores, como la marca, la calidad percibida, el precio y la publicidad. Comprender cómo los consumidores perciben tu producto o servicio es esencial para desarrollar una estrategia de marketing efectiva.

Otro concepto importante en la psicología del consumidor es el aprendizaje. Los consumidores aprenden de sus experiencias y de la información que reciben. Comprender cómo los consumidores aprenden puede ayudarte a desarrollar estrategias de marketing y fuerzas de venta B2C más efectivas. Por ejemplo, ofrecer una experiencia de compra positiva puede generar una experiencia de aprendizaje positiva para el consumidor, lo que puede aumentar la probabilidad de que realice compras futuras.

La memoria también juega un papel importante en la psicología del consumidor. Los consumidores pueden recordar información relacionada con tus productos o servicios, lo que puede influir en sus decisiones de compra futuras. Por lo tanto, es importante asegurarte de que tu marca sea fácilmente reconocible y que los consumidores puedan recordar tus productos o servicios cuando los necesiten.

Por último, el comportamiento del consumidor puede ser influenciado por factores sociales y culturales. Por ejemplo, los consumidores pueden verse influenciados por las normas sociales, las opiniones de su grupo de referencia o su cultura. Comprender estos factores puede ayudarte a desarrollar estrategias de marketing y fuerzas de venta B2C más efectivas.

Acciones efectivas: 6 tips para captar clientes potenciales B2C

En mi experiencia como Asesor Comercial, he aprendido que atraer y captar clientes potenciales B2C es uno de los mayores desafíos que enfrentan las empresas hoy en día. Para destacar entre la competencia y generar un impacto significativo en el mercado, es importante tener ideas innovadoras y acciones efectivas que te permitan captar la atención de tus clientes potenciales y generar fidelidad para que crean fielmente en la marca.

A continuación, te presento 6 ideas innovadoras que he implementado con éxito en mi experiencia como Asesor Comercial:

Contenido de influencia:

El contenido de influencia se basa en la práctica de la mención de personas influyentes para promocionar tu discurso. Al asociarlo con personas influyentes que son relevantes para tu público objetivo, puedes aumentar su interés.

Promociones:

Las promociones son una forma efectiva de atraer a los clientes potenciales y motivarlos. Al ofrecer y resaltar ofertas atractivas y oportunidades de ahorro, puedes generar un mayor interés y compromiso.

Eventos:

Los eventos son una oportunidad para mostrar tus productos o servicios a un público más amplio. Al participar en estos eventos, puedes captar la atención de los clientes potenciales y generar oportunidades de venta.

Marketing de guerrilla:

El marketing de guerrilla se trata de crear acciones inesperadas y sorprendentes para captar la atención de los clientes potenciales. A través de acciones creativas y fuera de lo común, puedes generar una mayor visibilidad con tus contactos. Esta estrategia logra impactar positivamente a nuestros clientes potenciales de una manera innovadora y eficaz.

Feedback:

Fomenta los testimonios de clientes satisfechos. Las opiniones positivas y las historias de éxito pueden ser un poderoso impulsor de confianza para los clientes potenciales.

Programas de referidos:

Esta es una de mis favoritas, pero una de las más duras y laboriosas. Los programas de referidos son una forma efectiva de aprovechar la red de contactos de tus clientes actuales para atraer a nuevos clientes potenciales. Al ofrecer incentivos a tus clientes por referir nuevos clientes, puedes aumentar la probabilidad de que tus clientes actuales te recomienden a sus contactos.

RRPP y Publicidad en la fuerza de ventas

"Las RRPP y la publicidad son el eco que lleva el mensaje de la fuerza de ventas más allá de las palabras."

RRPP en la fuerza de ventas

El acto de la venta es mucho más que una simple transacción comercial; es un momento clave para comunicar y transmitir los valores corporativos y la esencia misma de la empresa. Es crucial que tanto el cliente externo como el consumidor perciban y conecten con la identidad corporativa de la empresa. Esta percepción no solo construye confianza en el cliente al momento de adquirir un producto o servicio, sino que también se extiende a cómo se presenta y se comunica esa identidad. Es vital que la fuerza de ventas esté alineada con la estrategia de Relaciones Públicas y Comunicación para asegurar una coherencia en la experiencia del cliente.

Más allá de la venta en sí, se trata de crear una experiencia satisfactoria para el consumidor, ofreciendo información clara sobre los beneficios del producto, las características de la empresa, su modernidad, su crecimiento, la satisfacción de sus empleados, relaciones sólidas, estabilidad, entre otros aspectos relevantes.

La imagen pública no es un concepto tangible; es un fenómeno mental, complejo y poderoso. Se construye a partir de experiencias y percepciones acumuladas sobre una empresa. Para mantener una imagen positiva y hacer que los productos o servicios sean atractivos, es crucial utilizar las herramientas comerciales y de Relaciones Públicas.

El contacto entre el representante comercial y el cliente debe ser más que una simple interacción; debe ser una experiencia enriquecedora para ambas partes. Las acciones de Relaciones Públicas deben ser el vehículo para construir confianza. Aquellos que comprenden y aplican estas estrategias de manera efectiva tienen una ventaja significativa sobre sus competidores menos diestros en la comunicación.

Es esencial recordar que la opinión pública no es más que la suma de las opiniones individuales. Por ello, una estrategia integral de Relaciones Públicas debe abarcar tanto acciones de gran impacto masivo como aquellas de impacto individual directo, ya que estas últimas influyen innegablemente en la percepción colectiva.

La construcción de relaciones duraderas en las ventas es un arte que requiere de habilidades especiales de comunicación y empatía hacia los clientes. La venta no se trata de persuadir a alguien para que compre, sino de establecer una conexión auténtica con el cliente.

Cómo convertir a los clientes en defensores de una marca

Las claves para construir una marca fuerte y sostenible es tener clientes que no solo estén satisfechos con el producto o servicio, sino que también estén dispuestos a hablar positivamente de él con otras personas. En otras palabras, necesitamos convertir a nuestros clientes en defensores de la marca.

Pero ¿cómo se logra esto? Primero, es importante comprender que los clientes no se convierten en defensores de la marca simplemente porque han comprado algo. La lealtad y el compromiso hacia una marca se construyen a lo largo del tiempo, a través de una serie de interacciones y experiencias positivas.

Una forma de lograr esto es ofrecer un buen servicio obviamente. Cuando un cliente se siente valorado y apreciado, es más probable que tenga una experiencia positiva y comparta esa experiencia con otros.

Otro aspecto importante es escuchar a los clientes. Al comprender sus necesidades y deseos, podemos adaptar nuestra oferta para satisfacer esas necesidades y mejorar su experiencia. Al hacer esto, los clientes se sienten valorados y apreciados, y están más dispuestos a hablar positivamente de la marca.

En mi experiencia como Asesor Comercial, también he aprendido que la transparencia y la honestidad son fundamentales en la construcción de defensores de la marca. Si algo sale mal, es importante abordar el problema de manera proactiva y ofrecer soluciones rápidas y efectivas. Al hacer esto, los clientes se sienten más cómodos al recomendar nuestra marca a otros.

Otra forma de convertir a los clientes en defensores de la marca es a través de la participación en la comunidad. Esto puede significar patrocinar eventos locales o involucrarse en proyectos de caridad. Al mostrar que nos preocupamos por la comunidad en la que vivimos y trabajamos, los clientes pueden sentir que somos una parte valiosa de esa comunidad y estar más dispuestos a hablar positivamente de nosotros.

Finalmente, la construcción de defensores de la marca también se logra a través de la innovación. Siempre debemos estar buscando formas de mejorar nuestra oferta y agregar valor para los clientes. Al hacer esto, podemos crear una experiencia más memorable y atractiva para los clientes, lo que los motiva a hablar positivamente de nosotros.

En esta travesía, me gustaría mencionar a Serguéi Mijáilovich Brin, el visionario cofundador de Google nacido en Moscú, Unión Soviética. En el contexto de la construcción de defensores de la marca, Brin nos enseña que la innovación constante es la clave para mantenerse atractivo para los clientes. Al igual que él revolucionó la forma en que interactuamos con la información, los Asesores Comerciales deben buscar continuamente formas de innovar.

La conexión entre la innovación y la construcción de defensores de la marca es palpable. Al introducir mejoras constantes , mejoramos la calidad general.

Cómo gestionar la imagen de marca

La gestión de la imagen de marca y la reputación es fundamental en el ámbito de las ventas. La percepción que los clientes tienen de una empresa puede marcar la diferencia entre una venta exitosa y una oportunidad perdida.

En primer lugar, es importante entender que la imagen de marca no es solo el logotipo y el diseño visual de una empresa, sino que abarca todo lo que se relaciona con ella, desde los productos y servicios que ofrece hasta la forma en que interactúa con los clientes. Es crucial que los clientes perciban a la empresa como confiable, honesta y comprometida con la satisfacción del cliente.

Para gestionar la imagen de marca y la reputación en las ventas, es necesario estar atento a lo que se dice de la empresa en las redes sociales y en otros medios de comunicación. Las opiniones de los clientes, tanto positivas como negativas, pueden propagarse rápidamente en línea y afectar la percepción que otros clientes potenciales tienen de la empresa.

Es importante tener un plan de manejo de crisis en caso de que surja una situación negativa. Se debe estar preparado para responder rápidamente y de manera efectiva.

Además, es importante estar en sintonía con la voz de la marca y asegurarse de que todas las comunicaciones sean coherentes y estén en línea con los valores y la visión de la empresa. Esto incluye desde el lenguaje utilizado en los correos electrónicos hasta las llamadas de los clientes.

Otra técnica efectiva de RRPP en la fuerza de ventas es el uso de testimonios y recomendaciones de clientes satisfechos. Al utilizar testimonios reales de clientes satisfechos, la empresa puede demostrar su capacidad para satisfacer las necesidades de los clientes y construir confianza en la marca.

Por último, es importante trabajar en la lealtad del cliente ya que, es crucial para el éxito a largo plazo, y esto solo se puede lograr a través de una comunicación efectiva y una buena atención.

Claves para construir una comunidad comprometida

En este apartado, compartiré contigo algunas de las claves que he descubierto a lo largo de mi profesión para lograrlo.

La primera clave para construir una comunidad de clientes comprometidos es comprender que cada cliente es único y, por lo tanto, requiere un enfoque personalizado. Es importante conocer las necesidades y deseos de cada cliente y adaptar la estrategia de marketing y ventas en consecuencia. Para lograr esto, es fundamental establecer una comunicación que implique escuchar activamente y ofrecer soluciones a medida.

La segunda clave es la creación de contenido valioso. La creación de contenido de calidad que responda a las preguntas de los clientes es esencial para construir una comunidad de seguidores leales. Es importante destacar que el contenido no solo debe ser interesante, sino también informativo y educativo. Al ofrecer información valiosa, los clientes sentirán que la empresa les brinda un valor agregado y se comprometerán más con la marca.

La tercera clave es la generación de experiencias de cliente memorables. Cada interacción con el cliente debe ser una oportunidad para crear una experiencia memorable que fortalezca la relación entre el cliente y la marca. Es importante prestar atención a cada detalle, desde el diseño de un correo electrónico o un WhatsApp hasta la calidad del servicio postventa. Los clientes deben sentir que están recibiendo una respuesta única y que no pueden encontrar en otro lugar.

La última clave para construir una comunidad de clientes comprometidos es la innovación constante. Las marcas que se destacan en el mercado son aquellas que están constantemente innovando y mejorando. Es importante mantenerse actualizado con las últimas tendencias en el mercado y adaptarse a las necesidades cambiantes de los clientes. La innovación constante ayudará a la marca a mantenerse relevante y atractiva.

La importancia de la transparencia

He aprendido que una de las claves para construir relaciones duraderas y exitosas con los clientes es la transparencia en todas las interacciones comerciales.

La transparencia es fundamental para establecer una base sólida en cualquier relación comercial. Los clientes necesitan sentir que pueden confiar en la marca o empresa, y esto se logra a través de la transparencia en los procesos comerciales y la honestidad en las interacciones con los clientes. Cuando los clientes perciben que una empresa es transparente y honesta, es más probable que se sientan cómodos compartiendo información y trabajando juntos para alcanzar los objetivos. Si un cliente sabe exactamente cómo se están llevando a cabo los procesos comerciales, es más probable que se sienta cómodo con la empresa y confiando en sus servicios o productos. Por otro lado, la falta de transparencia puede generar desconfianza en el cliente y hacer que se sienta inseguro.

La honestidad es igualmente importante en las relaciones con los clientes. Los clientes necesitan sentir que están recibiendo información precisa y relevante sobre los productos o servicios que están adquiriendo. Si una empresa es honesta con sus clientes, estos se sentirán valorados y respetados.

Publicidad en la fuerza de ventas

La publicidad despliega un papel fundamental en el empoderamiento de los equipos de Fuerza de Ventas dentro del panorama empresarial contemporáneo. Las estrategias publicitarias efectivas no solo se enfocan en promocionar productos o servicios, sino que también impulsan y fortalecen el desempeño de los equipos de ventas.

La publicidad se convierte en un respaldo clave para los equipos de ventas al crear una plataforma sólida que respalda sus esfuerzos comerciales. Al transmitir el mensaje correcto, la publicidad facilita la labor de los Asesores Comerciales al generar interés y reconocimiento en torno a la marca, productos o servicios que ofrecen. En la era digital, las estrategias publicitarias bien ejecutadas amplifican el alcance y la visibilidad de los equipos de ventas. ¡De eso no hay duda!

La segmentación precisa del público objetivo es una piedra angular de las estrategias publicitarias eficaces. La publicidad enriquece la percepción de la marca entre los consumidores. Cuando los esfuerzos publicitarios transmiten los valores fundamentales de una marca, los equipos de ventas encuentran un terreno fértil para construir relaciones más fácilmente con los clientes. Esto es esencial.

Las estrategias publicitarias modernas van más allá de los medios tradicionales, abarcando plataformas digitales, redes sociales, contenido en línea y más. Esta diversificación de canales permite a los equipos de ventas llegar a una audiencia más amplia y diversa.

Sinergia entre publicidad efectiva y fuerza de ventas

La sinergia entre la publicidad efectiva y la fuerza de ventas representa un pilar fundamental en el mundo del comercio contemporáneo. Esta unión estratégica no solo maximiza el impacto de las estrategias de marketing, sino que también establece un terreno sólido para alcanzar y superar los objetivos comerciales.

La publicidad efectiva sirve como el primer punto de contacto entre una marca y su audiencia. Establece la base al generar conciencia y reconocimiento sobre la marca, sus productos o servicios. Esta etapa inicial es crucial, ya que proporciona a los equipos de ventas una ventaja significativa al iniciar conversaciones con clientes potenciales que ya tienen cierto grado de familiaridad con la marca.

La fuerza de ventas, a su vez, se convierte en el rostro tangible de la empresa. Los equipos de ventas transforman el interés inicial generado por la publicidad en una conexión más personal. Su papel es vital al nutrir y desarrollar relaciones con los clientes. Cuando la publicidad y las tácticas de ventas están alineadas, se crea una narrativa cohesiva que facilita el proceso de conexión y convencimiento de los clientes.

La coherencia en los mensajes entre la publicidad y las tácticas de venta es esencial. Los mensajes publicitarios bien articulados proporcionan a los equipos de ventas argumentos persuasivos y convincentes. Esta consistencia en la comunicación contribuye a construir una imagen sólida y auténtica de la marca, lo que resulta en una experiencia de cliente más unificada y efectiva.

La colaboración entre la publicidad y la fuerza de ventas implica una comprensión profunda de las estrategias publicitarias por parte de los equipos de ventas. Al comprender la narrativa publicitaria, los vendedores pueden adaptar sus mensajes y argumentos de venta para alinearse con la imagen y los valores transmitidos por la publicidad. Esta alineación garantiza una experiencia de cliente más coherente y convincente.

Psicología en ventas

Si estás interesado en mejorar tus habilidades de venta, una herramienta importante a tener en cuenta es la psicología. Aplicar la psicología en tu estrategia de ventas para aumentar tu efectividad y mejorar tus resultados puede ser importante.

Psicología del comportamiento en la estrategia de ventas

La psicología del comportamiento es una disciplina que se enfoca en entender cómo las personas toman decisiones y cómo se comportan en diversas situaciones. Cuando se trata de ventas, comprender cómo piensan tus clientes y qué los motiva a tomar una decisión de compra es clave para tener éxito. A continuación, te presentaré algunas técnicas de psicología del comportamiento que puedes utilizar en tu estrategia de ventas:

Comprender las necesidades del cliente:

Para vender un producto o servicio, es esencial conocer las necesidades del cliente. La psicología del comportamiento puede ayudarte a entender qué es lo que motiva a tu cliente a comprar. Por ejemplo, si tu cliente busca una solución rápida a un problema, enfoca tu mensaje de venta en cómo tu producto o servicio puede resolver ese problema de manera eficiente.

Utilizar la reciprocidad:

La reciprocidad es un principio psicológico que se refiere a la tendencia humana de sentir la necesidad de devolver un favor. Al ofrecer un valor añadido a tu cliente como información útil, aumentas la probabilidad de que el cliente sienta la necesidad de devolverte el favor.

Sensación de urgencia:

La psicología del comportamiento también puede ayudarte a crear una sensación de urgencia en tu mensaje de venta. Utiliza técnicas como ofertas por tiempo limitado o promociones especiales para hacer que el cliente sienta la necesidad de actuar de manera inmediata.

El papel de la inteligencia emocional para avanzar

La inteligencia emocional es una habilidad fundamental para cualquier persona que trabaje en ventas. Esta se refiere a la capacidad de reconocer y gestionar las emociones propias y de los demás. En el contexto de las ventas, esto significa ser capaz de leer las emociones de los clientes y utilizar esa información para establecer una conexión emocional con ellos. Los clientes no solo compran productos, sino que también compran experiencias, y la capacidad de un vendedor para crear una experiencia emocional positiva puede marcar la diferencia entre una venta y una oportunidad perdida.

La inteligencia emocional también juega un papel importante en la gestión del estrés y la resiliencia en ventas. Los vendedores experimentamos una gran cantidad de rechazos en nuestro trabajo, y la capacidad de manejar estas emociones de manera efectiva es crucial para mantenerse motivado. Un vendedor con una alta inteligencia emocional es capaz de recuperarse rápidamente de los contratiempos y mantener una actitud positiva y motivada.

Además, la inteligencia emocional también es importante para la gestión de relaciones con los clientes. Los clientes quieren sentir que son comprendidos y valorados por los vendedores, y la capacidad de un vendedor para escuchar y responder a las necesidades emocionales de los clientes puede marcar la diferencia en la lealtad y satisfacción del cliente.

La inteligencia emocional es una habilidad clave para cualquier persona que quiera ser un vendedor exitoso. Los Asesores Comerciales que tienen una alta inteligencia emocional son capaces de leer las emociones de los clientes, comprender sus necesidades y responder de manera efectiva a sus preguntas. También son capaces de manejar situaciones difíciles con facilidad y mantener una actitud positiva, incluso en tiempos de estrés.

Además, la inteligencia emocional también es importante para la gestión de relaciones con el cliente. Los vendedores que tienen una alta inteligencia emocional son capaces de establecer una conexión emocional con los clientes, lo que ayuda a construir la confianza y la lealtad del cliente. También son capaces de manejar situaciones difíciles con los clientes, como quejas o conflictos, de una manera eficaz y profesional.

Neuropsicología en las estrategias de ventas

A pesar de que suena muy técnico, la neuropsicología es una rama de la psicología que se centra en cómo el cerebro afecta nuestro comportamiento y nuestras emociones. En las estrategias de ventas, la neuropsicología es una herramienta muy valiosa que puede ayudarnos a comprender mejor cómo funcionan las necesidades de los clientes.

Por ejemplo, la neuropsicología nos dice que el cerebro humano está programado para buscar recompensas y evitar el dolor. En las ventas, esto significa que si un vendedor puede hacer que el cliente se sienta bien y emocionado por el producto o servicio que está vendiendo, es mucho más probable que compren. Los Asesores Comerciales pueden utilizar esta información para enfocarse en los beneficios y las emociones positivas que el cliente necesita del producto o servicio.

Otra aplicación de la neuropsicología en las estrategias de ventas es a través del uso de la persuasión subconsciente. Esto significa que el vendedor utiliza técnicas que se dirigen al subconsciente del cliente, como la repetición, el uso de imágenes y la emoción para influir en su elección de compra. Por ejemplo, si un vendedor repite varias veces los beneficios clave de su producto o servicio, esto puede tener un impacto positivo en la mente del cliente para que lo tenga más claro.

Además, la neuropsicología también puede ayudar a los vendedores a comprender mejor las diferentes formas en que las personas procesan la información. Por ejemplo, algunas personas son más visuales y prefieren ver imágenes o gráficos, mientras que otras son más auditivas y prefieren escuchar información de primera mano. Al comprender esto, los asesores comerciales pueden ajustar su estrategia de ventas para adaptarse al estilo de procesamiento de información del cliente, lo que aumenta las posibilidades de una venta exitosa.

Neuroventa y Neurocomunicación

"La neuroventa y la neurocomunicación son la alquimia que convierte la información en emociones y los deseos en decisiones."

Neuroveta

La neuroventa se centra en la aplicación de principios de la neurociencia en el proceso de ventas. Busca comprender los procesos cognitivos y emocionales de los compradores para adaptar las técnicas de venta y persuasión de manera más efectiva. Se concentra en técnicas y estrategias que los vendedores pueden utilizar durante la interacción directa con los clientes para influir en sus decisiones de compra. Su objetivo se basa en mejorar las habilidades de ventas, adaptando las técnicas y estrategias para alinearlas con la forma en que el cerebro de los compradores procesa la información y toma decisiones de compra.

Neurolinguistica

Esta disciplina explora la interconexión entre el lenguaje, los patrones de pensamiento y el comportamiento humano. En el contexto de la neuroventa, la PNL, desarrollada en la década de 1970 por Richard Bandler y John Grinder, permite a los vendedores comprender y aprovechar los procesos mentales y emocionales de los clientes para mejorar la efectividad de sus estrategias de comunicación.

Uno de los pilares de la PNL en neuroventas es el concepto de "calibración". Se trata de la habilidad de los vendedores para leer e interpretar las señales no verbales de los clientes, como expresiones faciales, gestos y tono de voz. Esto proporciona una valiosa información sobre el estado emocional y las preferencias del cliente, permitiendo una comunicación más empática y personalizada.

Otro componente fundamental es el modelado, que implica estudiar y adoptar los comportamientos y estrategias de comunicadores o vendedores exitosos. Al comprender los patrones de éxito de otros, los vendedores pueden aprender a aplicar técnicas efectivas de comunicación que resuenen con sus propios clientes.

El impacto del Storytelling en el cerebro

El Storytelling, se ha convertido en una herramienta fundamental en el mundo de la neuroventa. Su poder radica en la habilidad de conectar con la parte emocional y narrativa del cerebro, permitiendo a los Asesores Comerciales influir de manera significativa en las decisiones de compra de los clientes.

Cuando escuchamos una historia, nuestro cerebro se activa de una manera única. Múltiples regiones, incluyendo aquellas encargadas de procesar emociones, memoria y empatía, se iluminan. Esto significa que las narrativas no solo transmiten información, sino que crean una experiencia envolvente que se graba en la memoria a largo plazo.

Además, el Storytelling tiene el poder de desencadenar la liberación de hormonas como la oxitocina y la dopamina. Estas sustancias químicas están asociadas con la empatía, el placer y la confianza. Así, las historias generan una respuesta emocional profunda en el cerebro, fortaleciendo la conexión entre el vendedor y el cliente.

Para aprovechar al máximo el Storytelling en neuroventa, es esencial seleccionar narrativas relevantes y emocionalmente resonantes que ilustren los beneficios y el valor de un producto o servicio. Incorporar elementos visuales y sensoriales en la historia potencia aún más su impacto en el cerebro del cliente, creando una experiencia más memorable y persuasiva.

Involucra:

Una narrativa cautivadora es como un imán para la atención del cliente. Al utilizar técnicas de Storytelling, los Asesores Comerciales pueden mantener el interés y la participación del cliente a lo largo de la interacción de ventas. Esto es esencial para asegurarse de que el mensaje se mantenga arraigado en la mente del cliente incluso después de la conversación de ventas.

La simplicidad:

El Storytelling efectivo en neuroventa se caracteriza por su simplicidad. Las historias deben ser claras y fáciles de seguir, evitando la sobrecarga de información. Al simplificar el mensaje, se facilita al cerebro del cliente la comprensión y retención de la información clave sobre el producto o servicio.

Dirígete a tu público:

Es esencial adaptar las historias al público específico al que te diriges. Comprender las necesidades, deseos y preocupaciones de tu audiencia te permite seleccionar narrativas que resuenen con ellos a un nivel personal. Esto crea una conexión más profunda y aumenta la probabilidad de que el cliente se sienta identificado y motivado para tomar una decisión.

Aterriza la venta

Lo primero es llamar la atención de la mente del posible cliente, lo siguiente que debes conseguir es que se intente asociar positivamente con el producto o servicio. Hay que intentar activar las tres respuestas del cerebro, la atención, la emoción y el recuerdo.

Atención:

La atención es el primer paso crucial en el proceso de persuasión y venta. En un mundo lleno de estímulos constantes, captar la atención del cliente es esencial para que el mensaje del vendedor se perciba. Utiliza técnicas como el contraste, la novedad y la relevancia para destacar y ser notado en medio del ruido de información. Al lograr captar la atención, se abre la puerta para comunicar el valor y los beneficios del producto o servicio de manera efectiva.

Emoción:

Las decisiones de compra están profundamente influenciadas por las emociones. Cuando una compra está asociada con emociones positivas como la felicidad, la confianza o la satisfacción, es más probable que el cliente tome una decisión de compra impulsada por el sentimiento.

Las historias cargadas emocionalmente activan áreas cerebrales relacionadas con las emociones, generando una conexión significativa entre la narrativa y el cliente. Esto fomenta la empatía y la identificación con el mensaje.

Además, las emociones fuertes suelen llevar a una mayor recordación de la experiencia de compra, lo que contribuye a la fidelización de clientes.

Recuerdo:

El recuerdo se refiere a la capacidad de recordar un producto, una marca, una experiencia de compra etc.. en el futuro. Busca crear experiencias memorables que queden grabadas en la mente del cliente. Esto se logra a través de la utilización narrativas impactantes y experiencias sensoriales que estimulan áreas del cerebro asociadas con la memoria a largo plazo. Al activar múltiples áreas cerebrales, incluyendo aquellas encargadas de la retención de información, las historias se graban de manera más profunda y persistente en la mente del cliente. Una compra memorable no solo aumenta la probabilidad de repetición de compra por parte del cliente, sino que también puede llevar a recomendaciones positivas a otros posibles compradores.

Los colores y su magia

En el mundo de la neuroventa, cada detalle cuenta en el proceso de persuasión y conexión con los clientes. Uno de los elementos más influyentes es el uso estratégico de colores. La psicología del color ha demostrado tener un impacto profundo en las emociones y decisiones de compra de los consumidores, convirtiéndose en una herramienta esencial para los Asesores Comerciales.

La influencia de los colores en las emociones:

Los colores tienen una capacidad única para evocar emociones y crear asociaciones. Por ejemplo, el azul transmite confianza y calma, el rojo puede evocar urgencia o emoción, y el verde está asociado con la frescura y la naturaleza. Al comprender estas asociaciones emocionales, los Asesores Comerciales pueden elegir cuidadosamente los colores en su material de marketing y en el entorno de ventas para crear la atmósfera adecuada y establecer el tono emocional deseado.

La importancia del contraste:

El diseño de las presentaciones y el contraste entre los colores es crucial. Un buen contraste facilita la legibilidad y asegura que la información clave se destaque. Los colores de fondo y de texto deben elegirse con cuidado para garantizar una comunicación clara y efectiva.

Adaptación cultural:

Es importante tener en cuenta que la percepción del color puede variar según la cultura y el grupo demográfico. Por ejemplo, el blanco puede simbolizar pureza en algunas culturas, mientras que en otras puede representar luto. Los Asesores Comerciales deben estar conscientes de estas diferencias y adaptar su elección de colores en consecuencia.

A continuación, te presento algunos tipos de colores y sus implicaciones en el contexto de neuroventa:

Colores cálidos: (Rojo, Naranja, Amarillo)

Estos colores tienden a evocar emociones de energía, pasión y urgencia. El rojo, por ejemplo, puede aumentar la sensación de urgencia y la emoción, lo que puede ser efectivo para promociones limitadas en tiempo. El naranja transmite entusiasmo y creatividad, mientras que el amarillo se asocia con la felicidad y la positividad.

Colores fríos: (Azul, Verde, Morado)

Estos colores transmiten sensaciones de calma, confianza y estabilidad. El azul es conocido por sus connotaciones de confianza y profesionalismo, lo que lo hace efectivo en entornos empresariales. El verde evoca sentimientos de frescura, naturaleza y bienestar, y puede ser útil en industrias relacionadas con la salud y el bienestar. El morado puede comunicar elegancia y sofisticación.

Colores neutros: (Blanco, Negro, Gris)

Los colores neutros a menudo se utilizan como base en el diseño para crear un fondo limpio y equilibrado. El blanco comunica pureza y simplicidad, mientras que el negro puede transmitir elegancia y autoridad. El gris se asocia con la neutralidad y la formalidad.

Colores terrosos: (Marrón, Beige, Terracota)

Estos colores están relacionados con la tierra y evocan sensaciones de estabilidad, confianza y naturaleza. El marrón puede transmitir confiabilidad y durabilidad, siendo utilizado a menudo en productos relacionados con la naturaleza o la artesanía. El beige es calmante y neutral, ideal para entornos que buscan transmitir una sensación de tranquilidad.

Colores brillantes: (Fucsia, Turquesa, Amarillo Brillante)

Los colores brillantes pueden ser llamativos y emocionantes. Son ideales para resaltar información importante o para productos que buscan destacarse en el mercado. El fucsia es audaz y enérgico, el turquesa es refrescante y el amarillo brillante puede evocar optimismo y alegría.

Tips: Descubriendo algunos efectos

En el dinámico mundo de las ventas, la combinación de la fuerza de ventas con las estrategias del neuromarketing ofrece un enfoque potente para potenciar los resultados.

Escasez y urgencia:

Esto lo sabe todo el mundo. La percepción de escasez y urgencia tiene un fuerte impacto en las decisiones de compra. El cerebro humano tiende a valorar más aquello que parece estar en peligro de agotarse o que tiene un límite de disponibilidad. Al destacar la escasez de un producto o una oferta limitada en tiempo, se activa el instinto de adquisición y se incentiva la toma de decisión de compra de manera más rápida y decidida.

Prueba social:

Uno de los principios fundamentales en neuroventa es la "prueba social". Este concepto se basa en la idea de que, si percibimos que otras personas están utilizando y disfrutando de un producto o servicio, es más probable que lo consideremos valioso y de más calidad. Según Nielsen, el 84% de los consumidores confían en las recomendaciones de personas influyentes y cercanas por encima de cualquier otro tipo.

Los consumidores a menudo confían en las opiniones y experiencias de sus pares al tomar decisiones de compra. En neuroventa, quiero destacar testimonios de clientes satisfechos o evidencia de popularidad del producto genera confianza y motiva a otros a unirse.

El poder del "sí":

Las respuestas afirmativas generan una sensación de acuerdo y apertura en el interlocutor. Esto se basa en la comprensión de cómo el cerebro procesa y responde a la comunicación. Cuando una persona responde de manera positiva, se activan áreas del cerebro asociadas con la satisfacción y la aceptación. Esto crea un ambiente propicio para construir confianza y establecer una conexión genuina. Por ejemplo, en lugar de preguntar "¿No estás interesado en mejorar tus habilidades de ventas?", opta por "¿Te gustaría mejorar tus habilidades de ventas?".

Esta estrategia no solo influye en la percepción del Asesor Comercial, sino que también potencia la confianza del comprador. Al recibir preguntas que invitan al acuerdo, el cliente se siente más inclinado a considerar las propuestas de manera positiva. Es fundamental emplear esta técnica con autenticidad y respeto.

Pero no queda ahí, tú también debes hablar en un tono positivo. Esto quiere decir que evites expresiones como 'Será difícil manejar ese ordenador'. En cambio, haz afirmaciones: 'Le resultará muy sencillo manejar ese ordenador'. Esta simple modificación no solo transmite confianza en las habilidades de la otra persona, sino que también infunde un sentido de optimismo.

Aversión a la perdida:

La aversión a la pérdida se basa en la idea de que las personas valoran más evitar la pérdida que obtener una ganancia equivalente. ¡A nadie le gusta perder! Es decir, el temor a perder algo tiene un impacto emocional más fuerte que la posibilidad de ganar algo de igual valor. En el contexto de ventas, esto implica que resaltar lo que el comprador podría perder si no adquiere el producto puede ser tan o incluso más efectivo que enfocarse en sus ganancias potenciales.

Por ejemplo, en lugar de solo destacar los beneficios positivos de un producto, también es importante subrayar las consecuencias negativas de no tenerlo. Esto puede despertar un sentido de urgencia y motivar al comprador a tomar acción.

Recalco de nuevo, es crucial emplear este tipo de técnicas con autenticidad y ética, evitando la manipulación o el uso de tácticas de presión indebidas. Se trata de proporcionar información de manera honesta y ayudar al consumidor a tomar decisiones informadas.

Neurocomunicación

La neurocomunicación emerge como un componente crucial en el ámbito de la comunicación comercial, brindando una oportunidad única para destacarse y destacar en el mercado.

La comunicación es un pilar esencial de la experiencia humana, y la neurocomunicación se presenta como un arma poderosa, también en el ámbito de la fuerza de ventas. Aunque la mayoría está familiarizada con la noción de que "el ser humano es un ser social", pocos profundizan en los matices de la comunicación, y menos aún entienden la neurocomunicación.

Avances en neurociencia y técnicas afines nos permiten desentrañar los misterios del cerebro, un órgano complejo que juega un papel central en el proceso de toma de decisiones. A través de entrenamiento personalizado, es posible adquirir habilidades para gestionar emociones, identificar tanto propias como ajenas, mejorar la atención y perfeccionar la forma de interactuar con los demás. Estos elementos, fundamentales en la neurocomunicación, se convierten en herramientas clave en el mundo de la fuerza de ventas.

Para comprender la neurocomunicación, es vital remontarse al siglo XIX y mencionar a un destacado comunicólogo de la época, como Marshall McLuhan. Aunque sus enfoques se centraron más en el impacto de los medios de comunicación en la sociedad, su legado sigue influyendo en la forma en que entendemos la comunicación y su importancia en el mundo de las ventas.

Ya sea que te dediques al ámbito de las ventas o directamente a la comunicación, resulta fascinante comprender cómo este estudio de procesos influye de manera significativa en nuestras decisiones como consumidores.

Un binomio en la era de las emociones

Es innegable que las emociones desempeñan un papel protagónico en nuestras elecciones, relegando a un segundo plano nuestra supuesta lógica y racionalidad. Ante este cambio generacional y el vertiginoso avance tecnológico, es imperativo adaptarnos. Debemos ajustarnos a las transformaciones que surgen, lo que implica adoptar nuevas formas de actuar y de pensar. En consecuencia, los profesionales de ventas deben también adecuarse a los cambios sociales y a las crecientes expectativas de los consumidores.

En el complejo entramado de nuestras decisiones diarias, las emociones se erigen como auténticos maestros de ceremonias, dejando en un segundo plano la supuesta supremacía de la lógica y la racionalidad. Este fenómeno, que trasciende generaciones, encuentra su potencial máximo en el paradigma actual de avances vertiginosos.

En un mundo donde la información fluye como un río desbordado, la capacidad de adaptación se convierte en un activo crítico. Nos enfrentamos a transformaciones constantes que demandan nuevas formas de pensar y de interactuar. Este desafío no es ajeno al ámbito de las ventas, donde el entendimiento de la neurocomunicación se erige como una herramienta increíble.

La neurocomunicación, en su esencia, implica comprender cómo nuestros cerebros procesan y responden a los estímulos emocionales. Es la llave que abre la puerta a una conexión auténtica y duradera con los consumidores. Al entender las sensaciones que impulsan las decisiones de compra, los profesionales de ventas pueden construir puentes más sólidos y efectivos con su audiencia.

En este contexto, la fuerza de ventas emerge como el catalizador que transforma la teoría en acción. Los Asesores Comerciales se convierten en los intérpretes hábiles de esta nueva dimensión de la comunicación. Son los agentes encargados de llevar la neurocomunicación al terreno práctico, donde cada interacción se convierte en una oportunidad para impactar.

El ajuste a los cambios sociales y las crecientes expectativas de los consumidores se vuelve una prioridad irrefutable. La era de la experiencia del cliente exige un enfoque que trascienda lo meramente transaccional. Aquí es donde la fuerza de ventas, armada con el conocimiento de la neurocomunicación, puede marcar la diferencia.

La adaptabilidad y la capacidad de comprender y responder a las emociones del cliente se convierten en habilidades críticas. No se trata simplemente de vender un producto o servicio, sino de construir relaciones genuinas basadas en la confianza.

Storytelling

El storytelling ha demostrado ser una ventaja significativa en el proceso de ventas, ya que los clientes potenciales tienen más probabilidades considerar la oferta. Aquí te dejo algunas razones clave:

Conexión emocional:

Las historias suelen involucrar emociones, lo que hace que la información sea más memorable. Cuando las personas se conectan emocionalmente con una historia, es más probable que recuerden los detalles asociados.

Contexto y relevancia:

Las historias proporcionan contexto y relevancia a la información. Los datos crudos pueden parecer abstractos o difíciles de entender sin un marco contextual. Las historias proporcionan ese contexto, lo que facilita la comprensión y la retención.

Estructura narrativa:

Las historias suelen tener una estructura narrativa con un principio, un desarrollo y un final. Esta estructura ayuda a organizar la información de manera lógica y coherente, facilitando la retención.

Activación cerebral:

Las historias pueden activar diferentes áreas del cerebro, incluidas las relacionadas con la imaginación y la memoria. Esto contribuye a una mayor retención de la información en comparación con la presentación de datos de manera más abstracta.

Identificación personal:

Las personas tienden a identificarse con personajes o situaciones en las historias. Cuando pueden relacionar la información con sus propias experiencias o sentimientos, es más probable que la retengan.

Simplicidad:

Las historias simplifican la complejidad de la información al presentarla de manera más accesible. Esto facilita la comprensión y, por lo tanto, la retención.

Simplicidad:

Las historias simplifican la complejidad de la información al presen-

Marketing: El papel de la fuerza de venta

*"La fuerza de venta es el motor que impulsa las estrategias
de marketing"*

Las fuerzas de ventas representan posiblemente el elemento más crucial en el ámbito del Marketing. El Asesor Comercial tiene una interacción directa con el cliente, lo que le permite detectar sus necesidades de primera mano. Además, el cliente crea una imagen de la empresa a partir de la imagen que percibe del asesor. Es decir, lo que el vendedor transmite verbalmente con su mensaje y no verbalmente con su imagen, gestos y actitudes, será lo que el cliente asuma como representación de la empresa. La importancia de esto es tal que cualquier acción mal intencionada por parte de un Asesor Comercial puede generar grandes daños y lo más peligroso, pasar desapercibida.

Adaptarse a los cambios

En el mundo de las ventas, la única constante es el cambio. Como Asesor Comercial, he visto de primera mano cómo la industria ha evolucionado a lo largo de los años, y una cosa está clara: aquellos que no se adaptan a las tendencias y cambios en el mercado están condenados al fracaso.

El marketing y las fuerzas de ventas están estrechamente ligados, y la innovación y la creatividad son fundamentales para mantenerse en la cima de la competencia. Una de las tendencias más notables en los últimos años ha sido el cambio en la forma en que los consumidores compran. Con el auge de la tecnología, los consumidores están más informados y conectados que nunca, y esperan una experiencia de compra personalizada y sin problemas.

Para mantenerse al día hay que estar abiertos a nuevas tecnologías y plataformas, y ser capaces de adaptarse rápidamente a medida que la sociedad cambia. Las fuerzas de ventas deben ser innovadoras en su enfoque, y estar dispuestos a probar nuevas técnicas y estrategias.

La creatividad también es fundamental en el mundo de las ventas. Los clientes están bombardeados con mensajes de marketing todo el tiempo, y es importante destacar entre la multitud. Pero la creatividad no solo se trata de generar nuevas ideas. También se trata de ser creativo en la forma en que se aborda el proceso de ventas. En lugar de simplemente seguir el guion, los Asesores Comerciales deben ser capaces de adaptarse a las necesidades y deseos individuales de cada cliente. Esto significa ser sensible a las pistas que el cliente da y ser capaz de ajustar el enfoque en consecuencia.

Además, la creatividad también se extiende a la forma en que se presentan los productos y servicios. Las fuerzas de ventas deben ser capaces de comunicar el valor de su producto de una manera que resuene con el cliente. Esto puede significar presentar el producto en una luz completamente nueva.

La relación entre marketing y fuerza de ventas

Puedo asegurarte de que el marketing y la fuerza de ventas están íntimamente relacionados. La fuerza de ventas es el equipo que lleva a cabo las estrategias y tácticas de marketing, y se encarga de hacer realidad las promesas de la marca. Por lo tanto, es esencial que estos dos departamentos trabajen juntos de manera efectiva y coordinada.

En la era actual, donde el mundo está en constante evolución y la competencia es cada vez más intensa, la innovación y la creatividad son fundamentales para aprovechar esta sinergia. La innovación puede surgir de cualquier persona en la empresa, no solo del equipo de marketing, y la creatividad es clave para encontrar nuevas soluciones y formas de llegar a los clientes.

Para lograr una verdadera colaboración entre marketing y fuerzas de ventas, es necesario que ambos departamentos compartan información y objetivos. La fuerza de ventas necesita comprender las estrategias y tácticas de marketing para poder comunicar eficazmente el valor de la marca y los productos a los clientes. Por otro lado, el marketing debe conocer las necesidades y preocupaciones de los clientes que se están atendiendo para ajustar sus estrategias y tácticas y mejorar la satisfacción del cliente.

La innovación y la creatividad también son fundamentales para encontrar nuevas formas de llegar a los clientes y mantenerlos interesados en la marca. Los clientes actuales y potenciales pueden ser contactados a través de múltiples canales, incluyendo redes sociales, correo electrónico, publicidad en línea, entre otros. La combinación de estas herramientas puede ser clave para capturar la atención del cliente, generar interés y finalmente convertirlo en un cliente leal.

Otra forma en que la innovación y la creatividad pueden mejorar la relación entre marketing y fuerzas de ventas es a través del diseño de soluciones personalizadas para los clientes. Cada cliente es único y tiene necesidades y deseos específicos, por lo que es importante que el equipo de ventas tenga la flexibilidad y la capacidad de adaptarse a cada situación individual. La creatividad y la innovación pueden ayudar a los equipos de ventas a diseñar soluciones que satisfagan las necesidades de los clientes de manera única y efectiva.

Ventas efectivas: la importancia de conocer a tu audiencia

La venta efectiva es un arte que requiere una combinación de habilidades, técnica y conocimiento. Una de las claves para lograrlo es conocer a tu audiencia. Si no sabes quiénes son tus clientes potenciales, sus necesidades, deseos y motivaciones, es muy difícil que puedas persuadirlos de que tu producto o servicio es la mejor opción para ellos.

La investigación de mercado es una herramienta valiosa para obtener información sobre tu audiencia. Esto te permite conocer su perfil demográfico, su comportamiento de compra y sus preferencias. Además, te permite identificar tendencias y oportunidades de mercado.

Sin embargo, la investigación de mercado no lo es todo. También necesitas comunicarte directamente con tus clientes para obtener una comprensión profunda de sus necesidades y deseos. Esto se puede hacer a través de encuestas, entrevistas, focus groups y otras técnicas de investigación de mercado cualitativas.

Pero no te quedes solo en la investigación de mercado. Debes ser proactivo en la búsqueda de información sobre tus clientes. Haz preguntas, escucha sus respuestas y toma notas. Mantén un registro de las interacciones que tienes con cada cliente y utilízalo para personalizar tu comunicación con ellos.

Cuando conoces a tu audiencia, puedes adaptar tu mensaje y tu enfoque de ventas a sus necesidades y deseos específicos. Esto no solo te ayuda a persuadirlos de que compren tu producto o servicio, sino que también te permite construir relaciones duraderas y satisfactorias con tus clientes.

Además, cuando conoces a tu audiencia, puedes identificar nuevas oportunidades de venta y diseñar campañas de marketing efectivas.

La fuerza de ventas como motor del crecimiento en marketing

El papel de las fuerzas de ventas en el marketing es crítico porque son los que llevan los productos o servicios al mercado. Son los que establecen la relación con el cliente y los que pueden proporcionar comentarios valiosos sobre las necesidades y deseos del cliente.

Es por eso que la colaboración entre el equipo de marketing y el equipo de ventas es fundamental para el éxito. La fuerza de ventas puede brindar información valiosa a los especialistas en marketing, como el tipo de preguntas que hacen los clientes y los desafíos que enfrentan en el proceso de venta. Esta información es valiosa para que los especialistas en marketing puedan desarrollar campañas y estrategias efectivas que se ajusten a las necesidades del cliente. Desgraciadamente esto no se suele ver.

Por otro lado, el equipo de marketing puede ayudar a la fuerza de ventas a través de la generación de clientes potenciales, proporcionando información sobre la competencia y asegurándose de que los materiales de venta estén actualizados y sean efectivos. Esta colaboración es especialmente importante en un entorno empresarial cada vez más competitivo.

Competencias TIC en la fuerza de ventas

"Nuestro recorrido digital convierte datos en ventas"

Si retrocedemos en el tiempo a épocas antiguas, las ventas se realizaban de manera completamente distinta a la actualidad. En aquel entonces, las transacciones comerciales dependían 100% de la interacción humana directa. Por ejemplo, los comerciantes dependían de la persuasión verbal, el conocimiento profundo de sus productos y la interacción cara a cara para cerrar acuerdos. Estas transacciones, aunque efectivas en su contexto, estaban limitadas por el alcance geográfico y la disponibilidad limitada de información sobre los productos.

Comparado con esos métodos históricos, el impacto de las Tecnologías de la Información y la Comunicación (TIC) en las ventas modernas ha sido revolucionario. La integración de estas tecnologías ha permitido un cambio monumental en la dinámica de las ventas. Ahora, los vendedores tienen acceso a una amplia gama de herramientas que revolucionan la forma en que se acercan a los clientes y realizan transacciones.

Estrategias Digitales para potenciar la efectividad

En la era actual, el panorama de ventas ha experimentado una transformación radical impulsada por el avance tecnológico. Las estrategias digitales se han convertido en el epicentro de la efectividad en ventas, proporcionando herramientas y plataformas innovadoras que han revolucionado la forma en que se abordan los clientes y se cierran negocios.

Una de las claves fundamentales reside en el análisis de datos. Las plataformas digitales ofrecen una cantidad masiva de información sobre comportamientos de compra, preferencias y tendencias de los clientes. Esta riqueza de datos permite a los equipos de ventas comprender mejor a sus clientes, anticipar sus necesidades y ofrecer soluciones personalizadas. La analítica predictiva se ha convertido en un activo invaluable.

Los Asesores Comerciales tienen un tesoro en las tecnologías de información y comunicación (TIC) que ofrecen datos abundantes. Estos datos son la clave para comprender a los clientes en profundidad: patrones de compra, preferencias y comportamientos. La analítica predictiva se convierte en un aliado invaluable al anticipar necesidades y ofrecer soluciones personalizadas. Con esta riqueza de información, los asesores pueden segmentar clientes, crear perfiles detallados, prever tendencias de compra y personalizar ofertas y comunicaciones. La automatización basada en análisis predictivos optimiza procesos, mientras que el toque humano sigue siendo esencial para fortalecer relaciones. Combinar la intuición con los datos potencia la capacidad de ofrecer soluciones relevantes y construir fidelidad a largo plazo.

Asimismo, la presencia en línea es esencial en el mundo de las ventas modernas. Repito, esencial. Son herramientas poderosas para llegar a la audiencia y cultivar relaciones duraderas con los clientes. La capacidad de interactuar directamente con el público objetivo en tiempo real ha transformado la dinámica de ventas, permitiendo una comunicación más fluida y personalizada.

Desarrollo de las TIC en la fuerza de ventas

En el dinámico mundo de las ventas, la transformación digital ha emergido como un cambio fundamental en la forma en que se abordan los clientes. Este nuevo paradigma exige que los equipos de ventas adquieran y desarrollen competencias digitales sólidas para adaptarse y prosperar en este entorno en constante evolución.

El desarrollo de competencias digitales en la fuerza de ventas no se limita simplemente a la adopción de herramientas tecnológicas; va mucho más allá. Requiere una comprensión holística de cómo estas herramientas pueden integrarse de manera efectiva en las estrategias de ventas. Desde la utilización de plataformas CRM avanzadas hasta el aprovechamiento de datos para personalizar las interacciones con los clientes.

Una parte esencial del desarrollo de competencias digitales implica la capacidad de interpretar y analizar datos. Las estrategias de ventas basadas en datos han emergido como un motor clave para el éxito comercial. La habilidad de comprender los patrones de comportamiento del cliente, identificar oportunidades de venta y anticipar las necesidades del cliente se ha vuelto esencial en la era digital.

La adaptabilidad es otro aspecto crítico. La naturaleza siempre cambiante de las tecnologías y las tendencias del mercado demanda que los equipos de ventas sean ágiles y estén dispuestos a aprender y adaptarse constantemente. La capacidad de adoptar rápidamente nuevas herramientas y metodologías es clave para mantenerse al día en un entorno altamente competitivo.

Además, el desarrollo de habilidades de comunicación digital es vital. La efectividad en ventas no solo radica en comprender las herramientas tecnológicas, sino también en saber cómo utilizarlas para comunicarse de manera efectiva con los clientes.

He de decir que, el enfoque centrado en el cliente sigue siendo la piedra angular de las competencias digitales en la fuerza de ventas. La implementación de estas habilidades tiene como objetivo único mejorar la experiencia del cliente, ofreciendo soluciones personalizadas, manteniendo una comunicación proactiva y brindando un mejor servicio.

Tecnología y fuerza de ventas: Fusionando habilidades

La fusión entre la tecnología y la fuerza de ventas ha emergido como un catalizador fundamental para el éxito de una Asesor Comercial. Esta convergencia no se trata simplemente de adoptar nuevas herramientas, sino de aprovechar la tecnología para mejorar y potenciar tus habilidades existentes.

La tecnología ha transformado radicalmente la manera en que se desarrollan las estrategias de ventas y se interactúa con los clientes. Como comentaba anteriormente, desde la implementación de sistemas CRM hasta la adopción de plataformas de análisis de datos avanzadas, la tecnología ofrece un abanico de herramientas que pueden amplificar el desempeño de la fuerza de ventas.

Aunque a muchos les cueste procesarlo o entenderlo, la tecnología actúa como una aliada poderosa en el análisis de datos. El acceso a información detallada sobre las preferencias del cliente permite a los equipos de ventas tomar decisiones informadas y adaptar sus enfoques de ventas para cumplir con las expectativas y necesidades de los clientes.

Otro aspecto significativo es la mejora en la comunicación y la interacción con los clientes. La tecnología ofrece una multitud de canales de comunicación, sin embargo, a pesar del avance tecnológico, las habilidades como la empatía, la capacidad de escucha activa y la creatividad siguen siendo indispensables en las ventas. No podemos olvidarnos de eso.

En pocas palabras, la fusión entre la tecnología y la fuerza de ventas representa una evolución fundamental en la manera en que se abordan y se gestionan las ventas. Al aprovechar el potencial de la tecnología y combinarlo con las habilidades humanas, los asesores comerciales pueden no solo mejorar su eficiencia, sino también fortalecer sus relaciones con los clientes, lo que resulta en un rendimiento superior.

El Nuevo Paradigma de las TIC en la fuerza de ventas

En la dinámica actual, el papel de las Tecnologías de la Información y la Comunicación (TIC) en la fuerza de ventas ha evolucionado exponencialmente. Este nuevo paradigma no solo implica la simple integración de herramientas digitales, sino una transformación total en la forma en que los equipos comerciales interactúan con los clientes y logran sus objetivos.

Uno de los aspectos más destacados de este nuevo paradigma es que las TIC permiten a los equipos de ventas acceder a información detallada que lo que les otorga una ventaja competitiva al personalizar sus enfoques.

Además, las TIC son un pilar crucial en la optimización del tiempo. Herramientas como el uso de plataformas colaborativas agilizan las tareas administrativas, permitiendo a los vendedores enfocarse en construir relaciones más sólidas con los clientes y mejorar la calidad de sus interacciones.

Otro aspecto clave es la capacidad de las TIC para mejorar la comunicación y la conectividad. Las plataformas digitales han facilitado el contacto con los clientes en tiempo real, permitiendo una interacción más fluida y una respuesta rápida a las consultas.

La movilidad también ha sido revolucionada por las TIC en las ventas. Los dispositivos móviles, junto con aplicaciones específicas de ventas, permiten a los vendedores acceder a información crítica sobre el cliente, lo que mejora la eficiencia y la capacidad de respuesta.

Este nuevo paradigma de las TIC en la fuerza de ventas ha transformado no solo la forma en que se venden los productos y servicios, sino también la naturaleza misma de la relación entre vendedores y clientes.

Innovación y creatividad: entorno cada vez más digital.

El mundo de las ventas ha evolucionado a medida que la tecnología ha avanzado. En la actualidad, los clientes están más informados y exigentes que nunca. Para tener éxito en este entorno de ventas cada vez más digital, es esencial tener habilidades en innovación.

En mi tiempo libre, he dedicado esfuerzos a familiarizarme con herramientas de automatización de marketing, diseño grafico, edición de video profesional y ventas con el objetivo de optimizar mi tiempo y mejorar la eficiencia en mi labor. También, he asistido a seminarios y cursos de capacitación en línea.

Pero la educación continua no se trata solo de adquirir conocimientos y habilidades técnicas. También se trata de desarrollar habilidades personales, como la creatividad, que son cruciales para destacar en un entorno de ventas cada vez más competitivo.

La innovación se refiere a la capacidad de encontrar nuevas formas de abordar los problemas y de encontrar soluciones únicas para los desafíos. En ventas, esto puede significar encontrar nuevas formas de llegar a los clientes potenciales e incluso encontrar formas de cerrar acuerdos más rápido con menos fricción.

La creatividad, por otro lado, es la capacidad de pensar y de encontrar soluciones no convencionales a los problemas. En ventas, esto puede significar encontrar nuevas formas de presentar su producto o servicio, o de crear contenido de marketing que atraiga a los clientes potenciales de una manera atractiva.

Para desarrollar estas habilidades, es importante estar dispuesto a experimentar y probar cosas nuevas. Los profesionales de ventas que están dispuestos a tomar riesgos y a probar nuevas ideas son los que destacan en un entorno de ventas cada vez más digital. Esto puede significar intentar cosas nuevas en su contenido de marketing, explorar nuevas técnicas de venta o incluso probar nuevas herramientas de automatización de ventas.

Tendencias emergentes en el mundo digital: ¿cómo aprovecharlas como Asesor Comercial?

En primer lugar, una de las tendencias emergentes más importantes es el uso de la inteligencia artificial en ventas. La IA puede ayudar a los Asesores Comerciales a analizar grandes cantidades de datos y a identificar patrones que pueden ayudar a predecir el comportamiento de los clientes. Esto puede ser especialmente útil para personalizar la experiencia del cliente y ofrecer productos y servicios que satisfagan sus necesidades específicas. Como Asesor Comercial, es importante estar al día con las últimas herramientas de IA y aprender cómo integrarlas en el proceso de ventas.

Otra tendencia emergente en el mundo digital es el uso de las redes sociales para la generación de leads y la construcción de relaciones con los clientes. Las redes sociales como LinkedIn, Twitter e Instagram pueden ser una gran herramienta para los Asesores Comerciales que buscan ampliar su alcance y conectarse con nuevos clientes potenciales. Sin embargo, para utilizar eficazmente las redes sociales, es necesario conocer los mejores prácticas y estrategias de marketing digital y aprender cómo adaptarlas al mundo de las ventas.

Otra tendencia emergente en el mundo digital es el uso de la realidad aumentada y virtual en ventas. Estas tecnologías pueden ser especialmente útiles para los Asesores Comerciales que venden productos físicos, ya que pueden permitir a los clientes experimentar con los productos antes de comprarlos. Por ejemplo, un Asesor Comercial que venda muebles podría utilizar la realidad aumentada para mostrar a los clientes cómo se vería el mueble en su hogar. Para aprovechar estas tecnologías, es importante estar al día con las últimas tendencias y aprender cómo integrarlas en el proceso de ventas.

Además de estas tendencias emergentes, también es importante estar al día con las últimas tendencias en marketing digital y en el comportamiento del consumidor en línea. Los Asesores Comerciales deben aprender a adaptar sus estrategias de ventas a un entorno en línea cada vez más complejo y competitivo. Esto puede incluir la creación de contenido de alta calidad y relevante, el uso de técnicas de SEO para mejorar el ranking en los motores de búsqueda y la gestión eficaz de las redes sociales y la presencia en línea.

Estrategias de ventas para el futuro: ¿Cómo prepararse para ello?

No basta con conocer las técnicas tradicionales de ventas, sino que los vendedores también deben ser capaces de pensar y encontrar nuevas formas de retener a los clientes. Esto significa estar dispuesto a experimentar con nuevas estrategias y enfoques.

Una de las principales tendencias que está transformando el mundo de las ventas es el creciente papel de la tecnología en el proceso de compra. Cada vez más clientes realizan sus compras en línea, y esperan poder interactuar con las empresas a través de múltiples canales, desde las redes sociales hasta el correo electrónico e incluso el chat en vivo. Para los Asesores Comerciales, esto significa tener que ser capaces de adaptarse a una amplia variedad de plataformas y canales de comunicación, y estar dispuestos a aprender nuevas habilidades y técnicas para interactuar con los clientes de manera efectiva si fuese necesario.

Otro cambio importante que se avecina en el mundo de las ventas es el aumento del enfoque en la personalización y la experiencia del cliente. Los clientes esperan que las empresas les ofrezcan una experiencia de compra personalizada y adaptada a sus necesidades individuales, y esto significa que los Asesores Comerciales deben ser capaces de adaptar sus estrategias de ventas y comunicación a cada cliente en particular. Esto requiere habilidades avanzadas de análisis de datos y un profundo conocimiento del comportamiento del consumidor, así como la capacidad de adaptarse rápidamente a los cambios en las preferencias y necesidades del cliente.

La educación continua es esencial para prepararse para estos cambios y asegurarse de que se tienen las habilidades y conocimientos necesarios para tener éxito en el mundo de las ventas en constante evolución. Esto significa buscar oportunidades para aprender de otros profesionales de ventas exitosos y experimentados. También significa estar dispuesto a probar nuevos enfoques, y estar abierto a la retroalimentación.

El valor de la personalización en el mundo digital

Ya no basta con enviar correos masivos o llamar a una lista de clientes potenciales. Los consumidores esperan que las marcas les ofrezcan experiencias personalizadas y relevantes. Como Asesor Comercial, he visto de primera mano cómo la personalización puede marcar la diferencia entre cerrar una venta o perderla.

Pero ¿cómo adaptar la estrategia de ventas a las necesidades de cada cliente en el mundo digital? En primer lugar, es importante tener una comprensión profunda de los clientes y sus necesidades. La recopilación de datos y la creación de perfiles de clientes son herramientas esenciales en este proceso. Las redes sociales, las encuestas en línea y las interacciones en el sitio web de la empresa son solo algunas de las formas en que se pueden recopilar datos sobre los clientes. A partir de esta información, se pueden crear perfiles de clientes que incluyan detalles como sus preferencias de compra, hábitos de navegación y comportamiento de compra.

Una vez que se han recopilado y analizado los datos, es posible personalizar la estrategia de ventas para adaptarse a las necesidades específicas de cada cliente. Por ejemplo, si un cliente ha estado buscando productos específicos de la empresa, se puede enviar un correo electrónico personalizado con recomendaciones de productos similares.

Pero la personalización no se trata solo de adaptar el contenido de marketing. También es importante que los clientes sientan que se les está prestando atención y que se les escucha. En el mundo digital, esto puede lograrse, sin ninguna duda.

Una de las tendencias más comunes es la automatización. En un mundo donde los clientes esperan respuestas inmediatas y personalizadas, la automatización de los procesos de venta es esencial para mantenerse competitivo. Desde chatbots en sitios web hasta programas de correo electrónico automatizados, hay muchas maneras de automatizar el proceso de venta. Pero con esto también surge el riesgo de perder la conexión humana con el cliente. Por lo tanto, es importante encontrar un equilibrio entre la automatización y la atención personalizada.

Una reflexión:

A todo esto, mantengo la firme convicción de que el contacto presencial con los clientes, responder a sus inquietudes en tiempo real, es y seguirá siendo la mejor manera de abordar las dinámicas comerciales. La tecnología no es un reemplazo para las habilidades humanas. A pesar de que la tecnología ayuda a la fuerza de ventas a ahorrar tiempo y mejorar la eficiencia, sigue siendo fundamental que los Asesores Comerciales desarrollen habilidades en la gestión de relaciones interpersonales y la comunicación efectiva. El éxito en las ventas sigue dependiendo en gran medida de la habilidad para entender y conectar con el cliente, y esto solo se puede lograr a través de la interacción humana.

Epílogo

Al llegar al final de este viaje a través, espero que hayas descubierto la importancia fundamental de la comunicación en el mundo de la fuerza de ventas. A lo largo de estas páginas, hemos explorado los elementos que escoltan la noble tarea del Asesor Comercial. Desde la gestión de relaciones con los clientes hasta la persuasión, la resiliencia y el papel crucial de la tecnología en las ventas, esta guía es un llamado a la reflexión y la acción.

La comunicación efectiva no solo es una habilidad deseable, sino que es la piedra angular sobre la cual se construyen las relaciones, se superan los obstáculos y se alcanzan las metas. Vencer el miedo al rechazo, cultivar la confianza, comprender la psicología del cliente y dominar las competencias tecnológicas son solo algunas de las facetas que componen el tapiz complejo de la comunicación en la fuerza de ventas.

Al cerrar este libro, te invito sumergirte aún más en este oficio tan duro, pero tan satisfactorio y a desafiar los límites de lo que es posible en el mundo de las ventas.

Que cada palabra que has leído aquí sea un recordatorio de tu capacidad para impactar positivamente a aquellos a tu alrededor a través de la comunicación auténtica y la pasión por este trabajo.

¡El mundo de las ventas te espera con los brazos abiertos!

¡Segi aurrera!

Bibliografía

Hubspot. 2023. *Fuerza de ventas: qué es, cómo estructurarla y ejemplos.* https://blog.hubspot.es/sales/fuerza-de-ventas

Universidad Internacional de La Rioja. 2023. *Qué es un plan de compensación para la fuerza de ventas y claves para implementarlo.* https://www.unir.net/evento/openclass/plan-de-compensacion-fuerza-ventas/

Universidad de Oviedo. 1998. *La promoción de ventas como instrumento para modificar el comportamiento de los individuos.* https://econo.uniovi.es/c/document_library/get_file?uuid=84eb5271-74a3-46cb-acd4-351b040f1d1a&groupId=746637

El País. 2022. *Así es el vendedor que cualquier empresa desearía tener.* https://elpais.com/economia/estar-donde-estes/2022-09-05/asi-es-el-vendedor-que-cualquier-empresa-desearia-tener.html

Universidad Jaume I. 2013. *Fundamentos de marketing.* https://repositori.uji.es/xmlui/bitstream/handle/10234/49394/s74.pdf

Harvard Business Review. 2006. *Ending the War Between Sales and Marketing.* https://hbr.org/2006/07/ending-the-war-between-sales-and-marketing

Universidad Politécnica de Valencia. 2012. *Los sistemas de control de la fuerza de ventas.* https://riunet.upv.es/bitstream/handle/10251/28021/Los%20Sistemas%20de%20Control%20de%20la%20Fuerza%20de%20Ventas.pdf?sequence=1

Selling Power. 2023. *How to Grow a Sales Territory.* https://www.sellingpower.com/blog/how-to-grow-a-sales-territory

Universidad Internacional de La Rioja. 2007. *Bienvenidos a la era de la Neurocomunicación.* https://dialnet.unirioja.es/servlet/articulo?codigo=2388041 B2c

YouTube. 2015. TED. *Julian Treasure: Cómo hablar de forma que la gente te quiera oír.* https://www.youtube.com/watch?v=eIho2S0ZahI

Universidad Complutense de Madrid. *Prieto Gil, Ángela. 2012. La pirámide del aprendizaje.* https://webs.ucm.es/BUCM/revcul/e-learning-innova/27/art1263.pdf

Índices Onomásticos